# Filosofia da religião

SÉRIE ESTUDOS DE FILOSOFIA

inter
saberes

Filosofia da religião

2ª edição

Adriano Antônio Faria

inter saberes

Rua Clara Vendramin, 58 . Mossunguê
CEP 81200-170 . Curitiba . PR . Brasil
Fone: (41) 2106-4170
www.intersaberes.com
editora@intersaberes.com

Conselho editorial
Dr. Alexandre Coutinho Pagliarini
Drª. Elena Godoy
Dr. Neri dos Santos
Mª. Maria Lúcia Prado Sabatella

Editora-chefe
Lindsay Azambuja

Gerente editorial
Ariadne Nunes Wenger

Assistente editorial
Daniela Viroli Pereira Pinto

Edição de texto
Monique Francis Fagundes Gonçalves

Capa
Denis Kaio Tanaami (*design*)
Sílvio Gabriel Spannenberg (adaptação)
Everett Collection/Shutterstock (imagem)

Projeto gráfico
Bruno Palma e Silva

Diagramação:
Bruna Jorge

Designer responsável
Sílvio Gabriel Spannenberg

Iconografia
Regina Claudia Cruz Prestes

Dados Internacionais de Catalogação na Publicação (CIP)
(Câmara Brasileira do Livro, SP, Brasil)

Faria, Adriano Antônio
  Filosofia da religião / Adriano Antônio Faria. -- 2. ed. -- Curitiba, PR : InterSaberes, 2024. -- (Série estudos de filosofia)

  Bibliografia.
  ISBN 978-85-227-0898-7

  1. Religião – Filosofia I. Título. II. Série.

23-177957   CDD-210.1

Índices para catálogo sistemático:
1. Filosofia da religião   210.1

Eliane de Freitas Leite – Bibliotecária – CRB 8/8415

1ª edição, 2017.
2ª edição, 2024.

Foi feito o depósito legal.

Informamos que é de inteira responsabilidade do autor a emissão de conceitos.

Nenhuma parte desta publicação poderá ser reproduzida por qualquer meio ou forma sem a prévia autorização da Editora InterSaberes.

A violação dos direitos autorais é crime estabelecido na Lei n. 9.610/1998 e punido pelo art. 184 do Código Penal.

sumario

prefácio, xiii
apresentação, xvii
organização didático-pedagógica, xxiii

1 *Introdução à filosofia da religião, 28*
    1.1 Objeto de estudo da filosofia da religião, 30
    1.2 O fenômeno religioso, 34
    1.3 Religião e modernidade, 37

2 O pensamento clássico e o conceito de religião, 52
   2.1 A filosofia clássica grega e a religião, 54
   2.2 A religião no período do helenismo, 72

3 A patrística e a escolástica, 84
   3.1 Agostinho de Hipona, 88
   3.2 Tomás de Aquino e o tomismo lógico, 91
   3.3 Duns Scotto e Guilherme de Ockham, 94
   3.4 Outros pensadores, 100

4 Do humanismo às filosofias críticas, 114
   4.1 Filosofia, religião e racionalidade, 116
   4.2 Humanismo e Iluminismo, 118
   4.3 Existencialismo, 132

5 O sagrado e o profano, 150
   5.1 O sagrado na natureza, 155
   5.2 Tempo e temporalidade, 157
   5.3 Ritos, festas e símbolos, 159
   5.4 Textos sagrados orais e escritos, 163

6 As matrizes religiosas na formação do povo brasileiro, 174
   6.1 Tradições religiosas ocidentais, 180
   6.2 Tradições religiosas orientais, 184
   6.3 Tradições religiosas afro-brasileiras, 188
   6.4 Tradições religiosas indígenas, 193

considerações finais, 207
referências, 213
bibliografia comentada, 221
respostas, 223
sobre o autor, 227

Sou o que sou por pura dádiva divina, pelo meu esforço pessoal e pela graça de meus amigos e familiares! Dedico de coração esta obra às pessoas que estão muito próximas a mim: Dayane, Daniel, Edimar, Carlos, Elza e Antônio.

Meus sinceros agradecimentos a todos aqueles que estiveram ao meu lado, oferecendo apoio durante a concretização desta obra sobre filosofia da religião. De maneira particular, agradeço ao presidente da Associação Inter-Religiosa de Educação (Assintec), Carlos Alberto Chiquim, e ao professor Elói Correa dos Santos, membro da equipe pedagógica dessa entidade.

prefácio

Em um *primeiro* momento, quando ouvimos falar em filosofia da religião, deparamo-nos com um conteúdo que parece distante de nosso dia a dia e de difícil compreensão, haja vista não vislumbrarmos uma aplicação concreta ou um objetivo claro para esse estudo. Pois bem, o livro *Filosofia da religião* que ora apresentamos foi elaborado e redigido pensando no leitor. Trata-se de um mergulho nas profundezas da essência humana, atividade própria da filosofia, e uma tentativa de responder às questões mais profundas de sua existência, que sempre afligiram e continuam inquietando o homem e a mulher em toda a sua história: "Quem sou eu?", "Para onde vou?", "Tem futuro a minha existência ou acaba aqui mesmo?". Essas questões todas, e tantas outras, entram no âmbito da transcendência e no universo da espiritualidade humana e, consequentemente, no âmbito das religiões e da experiência religiosa.

O professor, mestre e doutor Adriano Antônio Faria redigiu com maestria a presente obra com o objetivo claro de auxiliar você, leitor, a entender seu conteúdo, a compreender o objeto de estudo da filosofia da religião e, à medida que avançar em sua leitura, a estabelecer as devidas conexões. Essa área de conhecimento o ajudará a compreender como nossos ancestrais iniciaram seu relacionamento com a **divindade** e, paulatinamente, foram dando formatação a esse **Ser Supremo**, identificando seu deus ou seus deuses. Aos poucos, essas divindades foram ganhando formas, contornos e nomes. Gradativamente, começaram a aparecer explicações para esses fenômenos, baseadas na observação ou em mitos, que foram transmitidas oralmente para as pessoas em gerações sucessivas. Por meio da linguagem oral e, mais tarde, escrita, essas ideias começaram a ser sistematizadas e constituíram uma espécie de corpo doutrinário primitivo, até resultarem nas mais variadas formas de crer, originando as religiões tribais, nacionais ou mundiais que conhecemos em nossos dias.

A importância da filosofia da religião está no fato de ela transcender aquilo que é doutrinal, ou até mesmo confessional, e se deter na investigação filosófica do universo espiritual do ser humano, por uma abordagem metafísica, antropológica e até mesmo ética. Ninguém pode negar a importância da vivência religiosa de um povo e o seu impacto cultural. A religião está no centro da vida e da cultura de uma povoação e determina, na maioria das vezes, seu comportamento e o enfoque pelo qual enxerga o mundo. E, diante da diversidade das formas de crer e da pluralidade religiosa, os filósofos da religião têm a missão de estabelecer comparações entre elas e identificar possíveis conexões que possam apontar para uma razão lógica e comum. As principais ferramentas desses estudiosos da religião são a metodologia histórico-comparativa, a filologia e a antropologia. Com elas, resgatam a dimensão do sagrado existente no homem primitivo, trazendo-a para os dias atuais; estabelecem os núcleos comuns, bem como sua conceituação; e definem os aspectos divergentes, atingindo o foco do evento religioso e possibilitando sua ressignificação.

Carlos Alberto Chiquim
Presidente da Associação Inter-Religiosa de Educação (Assintec)

apresentação

A *presente obra, dividida* em seis capítulos, tem como objetivo definir o conceito de filosofia da religião e seu objeto de estudo, além de analisar e compreender, em uma perspectiva filosófica, as diversas manifestações das religiões, identificando a relevância dessa área do conhecimento para o entendimento do fenômeno religioso em seus contextos histórico, social e cultural. Você, caro leitor, será convidado a refletir, aprofundar-se e esclarecer-se sobre a possibilidade formal da religião na existência humana.

Neste estudo, levaremos em consideração a distinção existente entre a filosofia da religião, a teologia, a antropologia teológica e a fenomenologia religiosa. Embora todas estudem o fenômeno religioso, cada uma tem sua especificidade e um objeto de estudo diferenciado. Você deverá estar atento a essas questões, a fim de evitar alguma incompreensão. A filosofia da religião, na análise de seu objeto de estudo, se vale da colaboração da razão para determinar as circunstâncias em que a religião é possível.

No primeiro capítulo, aprofundaremos a conceituação sobre a **filosofia da religião**, analisaremos seu objeto de estudo e procuraremos esclarecer como o fenômeno religioso, em suas mais variadas manifestações, influencia a vida de pessoas, grupos e coletividades inteiras. Ao estudarmos a filosofia, temos contato com a arte de pensar, o conhecimento e a sabedoria. Ao conectarmos a filosofia com a religião, deparamo-nos com um dos anseios mais profundos do ser humano – sua espiritualidade e sua transcendência – e procuramos respostas plausíveis. Segundo Zilles (2010, p. 9), o homem, pensando, desenvolve a si mesmo: "Pensa e indaga a si mesmo indagando o mundo. Indaga à luz do ser, como algo que é. Busca o verdadeiro ser das coisas como globalidade. A indagação filosófica tematiza, pois, o ser do ente. Nesta perspectiva, a filosofia da religião é diferente das ciências da religião".

No segundo capítulo, você será convidado a mergulhar no início do conhecimento humano sistematizado: **a filosofia clássica grega**. Navegando pelos primeiros e grandes pensadores da humanidade – como Sócrates, grande balizador da filosofia clássica, os filósofos que o antecederam (os pré-socráticos) e os que o sucederam (Platão e Aristóteles) –, começamos a compreender os primeiros conceitos de religião e as possíveis explicações dadas por esses pensadores e pelas escolas que surgiram depois deles para o princípio de tudo.

No terceiro capítulo, convidaremos você ao mundo da **análise da filosofia e da religião** em uma época posterior ao surgimento do cristianismo. São duas as grandes correntes desse longo espaço de tempo: a patrística, assim chamada em função dos primeiros e fecundos pensadores cristãos, denominados *Padres da Igreja*; e a escolástica, que durou até o fim da Idade Média. Os grandes personagens dessas correntes são Agostinho de Hipona e Tomás de Aquino, que defenderam a complementariedade entre a fé e a razão. Entretanto, já no final da Idade Média, surgiram opositores a essa concepção, tais como Duns Scotto e Guilherme de Ockham.

Nesse capítulo, também também faremos a uma análise mais crítica sobre a religião à luz do conhecimento humano. Alguns filósofos intuíram ideias que provocariam uma mudança na compreensão de conceitos, como os de igreja e de autoridade, quebrando paradigmas e embasando uma revolução no âmbito religioso. Entre esses, citamos Egídio Romano, João de Paris, Marsílio de Pádua, Mestre Eckhart, João Wyclif e João Huss. Em consequência dessas ideias, surgiram os fundamentos da Reforma Protestante, que emergiu em vários ambientes quase que simultaneamente, respondendo a uma série de anseios latentes em vários rincões europeus.

No quarto capítulo, veremos uma verdadeira **efervescência de ideias** que despertaram após o longo e incerto período da Idade Média. Muitos pensadores deram vazão a suas reflexões e propuseram uma gama incontável de conhecimentos. Esse posicionamento contempla os movimentos denominados *humanismo* e *Iluminismo* até as chamadas *filosofias críticas*. Nesse estágio, a religião foi submetida à razão e passou por críticas, por propostas de extinção e por consequente purificação. Alguns personagens desse contexto são Descartes, Kant, Hume, Marx, e Nietzsche.

Ao estudarmos o quinto capítulo, deixaremos de lado os filósofos ou pensadores e adentraremos no **universo do sagrado e do profano**. Veremos como são compreendidos esses conceitos filosóficos e religiosos, como as religiões compreendem o tempo e a temporalidade e como entendem o universo sagrado na dimensão da natureza. Analisaremos também as manifestações religiosas por meio de seus ritos, festas, simbologia e textos sagrados – campos fecundos para as reflexões da filosofia da religião.

No sexto capítulo, apresentaremos as **tradições religiosas** que formaram o tecido social, cultural, étnico e religioso do povo brasileiro. O Brasil é um país formado por uma profunda miscigenação de povos, tradições e religiões. É importante conhecermos as matrizes religiosas que formaram essa nação e estão presentes, desde a sua origem, na vida dos indígenas, e foram complementadas com a chegada dos colonizadores portugueses, dos africanos escravizados e de todas as demais raças que aportaram no Brasil. São quatro essas raízes religiosas: as tradições ocidentais; as tradições orientais; as tradições nativas; e as tradições afro-brasileiras.

Caro leitor, convém salientar que as observações que aqui apresentaremos sobre a filosofia da religião estarão voltadas aos pensadores do período da filosofia clássica grega e ao pensamento ocidental de modo geral. Não adentraremos, em nossas considerações, nas filosofias do Oriente, do Extremo Oriente ou da cultura árabe. Contudo, no último capítulo, apresentaremos uma breve conceituação sobre a religião e sobre a divindade no contexto das grandes matrizes religiosas, o que inclui as religiões surgidas no Oriente. Sendo assim, o aprofundamento da filosofia oriental poderá ser foco de uma complementação de seu estudo pessoal.

A temática tem considerável amplitude e torna-se impossível englobá-la em sua totalidade. Limitaremo-nos a tecer algumas abordagens que consideramos significativas para o presente estudo. Desejamos a você, caro leitor, uma fecunda viagem nesse universo da filosofia da religião. Leia, aprofunde-se e complemente seu conhecimento com as atividades propostas.

organização didático-pedagógica

Esta seção tem a finalidade de apresentar os recursos de aprendizagem utilizados no decorrer da obra, de modo a evidenciar os aspectos didático-pedagógicos que nortearam o planejamento do material e o modo como o leitor pode tirar o melhor proveito dos conteúdos para seu aprendizado.

Introdução do capítulo

Logo na abertura do capítulo, você é informado a respeito dos conteúdos que nele serão abordados, bem como dos objetivos que o autor pretende alcançar.

Saiba mais

Alguns conceitos importantes da obra aparecem nestes boxes. Aproveite para fazer sua própria reflexão sobre as definições apresentadas.

Síntese

Você conta, nesta seção, com um recurso que o instigará a fazer uma reflexão sobre os conteúdos estudados, de modo a contribuir para que as conclusões a que você chegou sejam reafirmadas ou redefinidas.

Indicações culturais

Ao final do capítulo, o autor oferece algumas indicações de livros, filmes ou sites que podem ajudá-lo a refletir sobre os conteúdos estudados e permitir o aprofundamento em seu processo de aprendizagem.

Atividades de autoavaliação

Com estas questões objetivas, você tem a oportunidade de verificar o grau de assimilação dos conceitos examinados, motivando-se a progredir em seus estudos e a se preparar para outras atividades avaliativas.

Atividades de aprendizagem

Aqui você dispõe de questões cujo objetivo é levá-lo a analisar criticamente determinado assunto e aproximar conhecimentos teóricos e práticos.

Bibliografia comentada

Nesta seção, você encontra comentários acerca de algumas obras de referência para o estudo dos temas examinados.

---

bibliografia comentada

ZILLES, U. **Filosofia da religião**. São Paulo: Paulus, 1991.
Essa obra apresenta um rico passeio pelo mundo da filosofia e da religião. É de fundamental importância para complementar o estudo. Define o que é a filosofia da religião, torna claros os conceitos de fé e razão e discorre sobre o ateísmo e a relação entre os termos razão e fé nos principais filósofos críticos, como Descartes, Kant e Hegel.

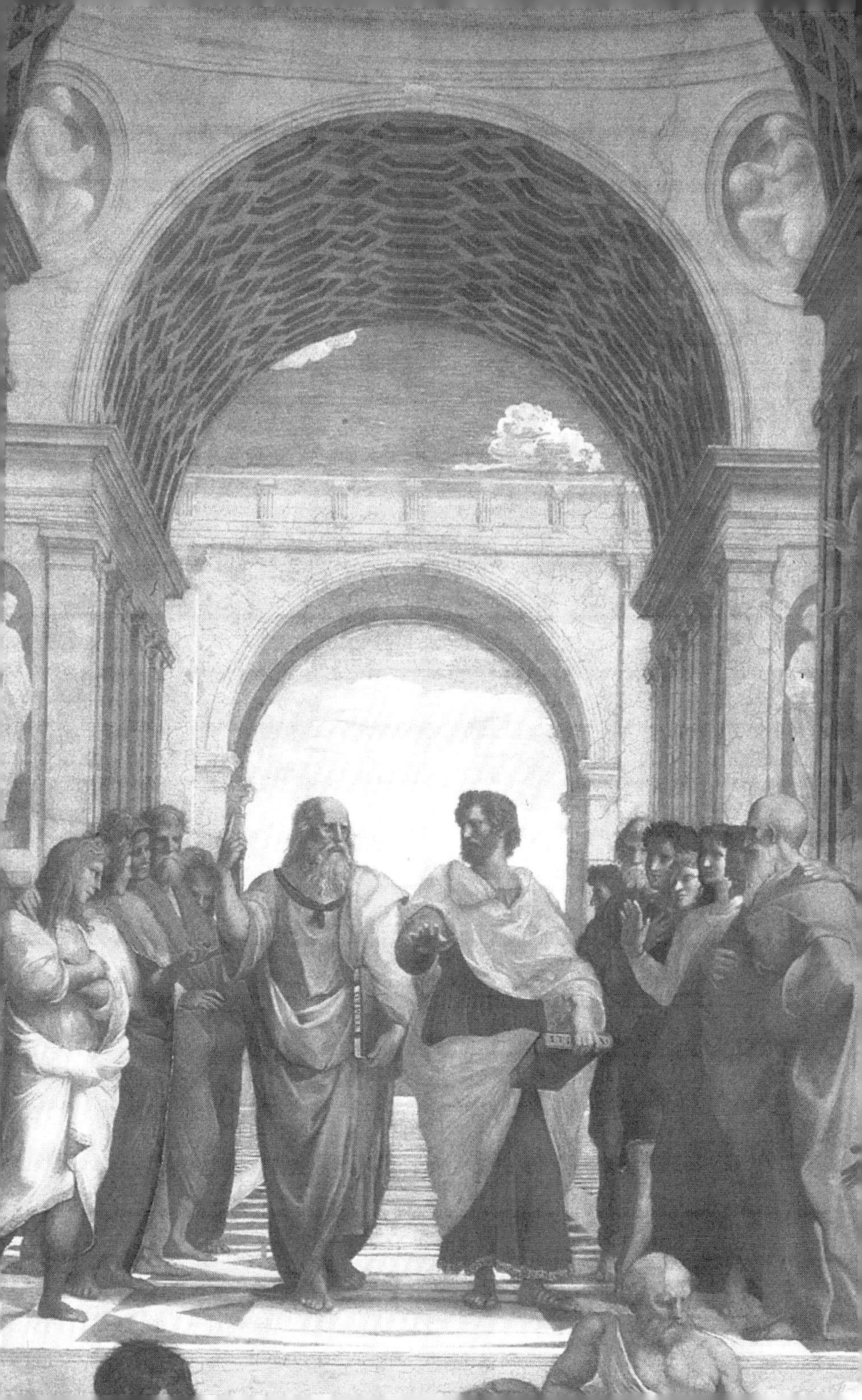

1

Introdução à filosofia da religião

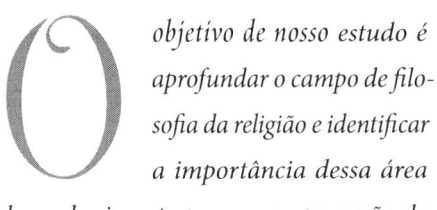

O objetivo de nosso estudo é aprofundar o campo de filosofia da religião e identificar a importância dessa área do conhecimento para a compreensão do fenômeno religioso. Fenômeno esse que acompanha a história e a caminhada da humanidade – dividida em grupos específicos, inseridos em diferentes contextos históricos e socioculturais – desde os primórdios do pensamento humano até os dias atuais e envolve uma grande gama de manifestações específicas.

Quando nos referimos à filosofia, logo somos levados a compreendê-la como a arte de pensar, de aprofundar, de raciocinar. A filosofia teve seu alvorecer na Grécia Antiga, com inúmeros personagens e correntes de pensamento, e deu origem às mais diversificadas tentativas de explicar os desafiadores fenômenos naturais e ainda responder a eles. Essas tentativas de explicação também estiveram relacionadas às inquietudes referentes ao início da existência do homem, assim como à sua finitude, ao seu destino e à sua razão de existir, enfim, a tudo aquilo que está além da compreensão humana. A maioria dessas explicações era empírica, associada, sobretudo, a mitos ou atribuída aos deuses. Aos poucos, tal conhecimento foi recebendo uma formatação sistemática, com fundamentação teórica, dando origem à ciência filosófica e à filosofia da religião.

1.1
Objeto de estudo da filosofia da religião

A filosofia da religião é um ramo da filosofia que investiga as origens e a natureza do **fenômeno religioso** e estuda a influência da religião no comportamento humano e nas sociedades. A expressão *filosofia da religião* começou a ser utilizada no século XIX, por influência de Hegel, e se refere a um campo que analisa o conceito de divindade ao longo da história, estuda como Deus é entendido em algumas tradições culturais e religiosas em particular e "tenta esclarecer a possibilidade e a essência formal da religião na existência humana" (Zilles, 2010, p. 5). De acordo com Zilles (2010, p. 9), para a constituição da filosofia da religião, "foi decisiva a filosofia de I. Kant, o idealismo alemão, a obra do cardeal Newman, de M. Blondel", entre outros.

SAIBA MAIS **Friedrich Hegel (1770-1831)**: Pensador alemão cujas ideias deram origem ao hegelianismo. Sua área de interesse abrangia a metafísica, a lógica, a história da filosofia, a religião, a epistemologia e a filosofia política.

A filosofia da religião toma como objeto de estudo questões relacionadas com a transcendência e a existência de Deus, a espiritualidade e o fenômeno religioso do ponto de vista filosófico, o que significa dizer que não podemos confundi-la com a teologia, a apologética ou a fenomenologia da religião, como veremos a seguir. Também não deve ser tomada como uma forma de visão propriamente religiosa, visto que a filosofia da religião busca suas respostas por meio de uma metodologia racional e argumentativa, sempre com caráter especulativo e não confessional. Podemos afirmar que a filosofia da religião, dotada de uma racionalidade crítica, investiga a crença humana em divindades e o comportamento das pessoas religiosas, ou seja, daquelas que seguem determinada crença. Está centrada, em muitos de seus aspectos, na epistemologia religiosa.

SAIBA MAIS **Teologia**: Disciplina que procura descrever o estudo da divindade e a doutrina de uma determinada religião. A maioria das religiões tem um corpo doutrinal específico.

Apologética: "Disciplina que tem como objetivo a defesa de um determinado sistema de crenças. Este termo está relacionado, principalmente, à defesa de crenças religiosas." (Abbagnano, 2007, p. 74)

Fenomenologia da religião: Ciência que estuda os fatos religiosos e a sua significação para o homem religioso.

Epistemologia: "Do grego *episteme*, ciência; e *logos*, discurso. É o estudo das ciências, considerando o que cada uma, e seu conjunto, tem por objeto apreciar seu valor para o espírito humano; teoria do conhecimento; gnoseologia." (Koogan; Houaiss, 2000, p. 593)

De acordo com Ferrater Mora (1964), a filosofia e a religião podem se relacionar de três maneiras distintas: em primeiro lugar, a filosofia e a religião se aproximam mutuamente, podendo acontecer que a segunda seja substituída pela primeira; no segundo caso, a filosofia se situa à frente da religião, de modo crítico ou, em alguns casos, analítico; e, finalmente, a filosofia procede descrevendo o fato religioso como tal, independentemente de seu conteúdo específico. No primeiro caso, há uma fusão entre as duas concepções; no segundo, a filosofia tenta esclarecer de forma racional e objetiva o conteúdo de uma determinada religião; e, no terceiro caso, se pede o auxílio das diversas ciências para clarificar os fenômenos religiosos. Segundo o autor, só nos dois últimos casos, e de um modo específico no terceiro caso, é que se pode falar propriamente em filosofia da religião.

Conforme afirma Zilles (2010, p. 5), "a filosofia da religião é uma reflexão realizada com a única ajuda da razão, sendo seu objeto a religião e as condições em que esta é possível". Assim, a filosofia da religião é uma área de conhecimento **autônoma**, proveniente de uma reflexão filosófica que não tem nenhum compromisso com a fé ou com determinada crença, é um saber crítico, investigativo, independente, próprio da filosofia. Ela estuda o fenômeno religioso à luz da razão humana e desempenha um importante papel para a compreensão da influência da religião no tecido social, ético e cultural.

Filosofia e religião

Por meio de uma profunda reflexão sobre os acontecimentos e as possibilidades de afirmar ou negar um determinado conhecimento, gerando movimento e o surgimento de novas possibilidades, respostas e ideias, a filosofia está presente em todo o percurso do pensamento humano. Essa área – junto com a ciência, a arte e a religião – representa um dos pilares do conhecimento humano.

Os seres humanos constroem suas bases de crenças perguntando sobre a vida e as questões fundamentais que se relacionam a ela; experimentam e buscam comprovação de suas teorias e, desse modo, fazem ciência; produzem elementos que tocam diretamente os sentidos e emocionam; portanto, fazem arte e também se acercam do imaterial, do mistério, criando várias formas de religião*.

A condição de ser religioso é estar religado à divindade. Portanto, religião é o caminho pelo qual uma pessoa está unida à divindade. Adotamos nesta obra o conceito desenvolvido por Ernst Cassirer, que entende a religião como forma simbólica. Para ele, a religião constrói seu universo simbólico por meio das funções de expressividade e representação. "Sua origem está, junto do mito, ligada à consciência da finitude humana [...] desde o início, o mito é religião em potencial" (Cassirer, 2005a, p. 146).

---

* "Etimologicamente, essa palavra significa provavelmente 'obrigação', mas, segundo Cícero, derivaria de *relegere*: 'Aqueles que cumpriam cuidadosamente todos os atos do Culto divino e, por assim dizer, os reliam atentamente foram chamados de religiosos – de *Relegere*, assim como elegantes vem de *elegere*, diligentes de *diligere* e inteligentes de *intelligere* –, de fato, em todas essas palavras nota-se o mesmo valor de *legere*, que está presente em R. (Dencit. c/ eor., II, 28. 2) Para Lactâncio (Inst. Div., IV, 28) e S. Agostinho (Retract., I, 13), porém, essa palavra deriva de religare, e a propósito Lactâncio cita a expressão de Lucrécio 'soltar a alma dos laços da R (Derei: nat., I, 930)'" (Abbagnano, 2007, p. 858).

Com o objetivo de aprofundarmos a temática, trazemos o conceito apresentado por Ferrater Mora. Para ele, além do significado exposto, o conceito de religião remonta a Cícero; "o termo decisivo é *religiosus*, que é o mesmo que *religens* [acolher; cumprir] e que significa o contrário de *negligens* [negligente]" (Ferrater Mora, 1964, p. 558, tradução nossa). Tal conceito reveste o termo *religião* de uma motivação ético-jurídica, uma vez que a religiosidade está relacionada ao "cumprimento dos deveres que se impõe ao cidadão no culto aos deuses da Cidade-Estado" (Ferrater Mora, 1964, p. 558, tradução nossa), o que, por sua vez, interfere no universo religioso, revestindo-o de legalismo.

Segundo Hans Küng (2004), o sentimento religioso tem raízes muito antigas. O autor afirma:

> *causa-nos surpresa saber que também na Austrália foi encontrado o esqueleto de um homo sapiens do sexo masculino com trinta mil anos de idade. Estava coberto de ocre, o sinal mundialmente difundido da ideia de uma vida após a morte. Ou seja, esse homem, ao que tudo indica, foi sepultado ritualmente. Um primeiro testemunho claro da cultura e da religião entre os primitivos!*
>
> (Küng, 2004, p. 22)

A busca incessante pela razão da existência humana sempre povoou o intelecto humano.

1.2
O fenômeno religioso

O termo *fenômeno* tem sua origem na expressão grega *phainomenon*, que significa aquilo que se vê, que é visível ou que se apresenta, que se mostra. Segundo La Brosse, Henri e Rouillard ([S.d.], p. 310), fenômeno "é o que aparece ao sujeito pensante, quer como uma realidade existente em si mesma fora do sujeito, quer como um fato interno, quer como um fato externo cujo conhecimento está condicionado por uma atividade interna". Em alguns casos, o verbo *mostrar* assume a voz ativa, quando a ação é praticada pelo indivíduo; em outros casos, a passiva, quando o sujeito recebe tal ação; e, segundo Bettencourt (1995), a "reflexa ou média, quando a ação é ao mesmo tempo praticada e recebida pelo sujeito. A forma ativa (*phainein*) significa trazer: trazer à luz, colocar na claridade, mostrar, fazer aparecer". **Fenômeno** (voz média, *phainesthai*), portanto, significa vir à luz, à claridade, aquilo que se mostra a partir de si mesmo, e a **forma ativa descrita** significa trazer à luz, luzir, ser incandescência da claridade.

A **fenomenologia**, portanto, pode ser descrita como o estudo de um conjunto de fenômenos, podendo dar origem a disciplinas específicas, como é o caso da fenomenologia religiosa. Ao associarmos ao termo *fenômeno* o adjetivo *religioso*, que pode se referir a um fato, uma expressão, um indivíduo ou a um grupo que segue determinada crença religiosa, chegamos à expressão *fenômeno religioso*.

Compreendemos por *fenômeno religioso* tudo aquilo que é visível ou manifesto no âmbito da religião, às vezes de modo misterioso, fora daquilo que usualmente é comum. Todo o conjunto dos acontecimentos manifestados nos espaços sagrados, incluindo rituais e gestos, é entendido como fenômeno religioso. O âmbito religioso oferece-nos um infinito leque de pesquisa e investigação, em virtude do diversificado número de crenças, misticismos e filosofias de vida. O fenômeno religioso está presente em todas as culturas, desde os primórdios da história até os dias atuais. A filosofia da religião tem um papel preponderante na análise dessa presença, pois ela marca profundamente o universo cultural de um povo, visto que condiciona seu modo de viver e compreender seu relacionamento com o mundo.

Tentar responder aos questionamentos mais profundos do ser humano – sua origem, sua missão e seu destino –, bem como compreender as condições circunstanciais que o limitam – como a dor, o sofrimento, a alegria, a angústia, o bem e o mal – ajuda-nos a discernir a origem do fenômeno religioso, pois ele transcende o espaço físico e temporal, visto que por meio dele se transfere à esfera da divindade e do misticismo aquilo que está além do entendimento humano. Essa transferência gera dúvida e, consequentemente, pesquisa, tentativas de respostas, enfim, conhecimento.

Em decorrência dessa reflexão especulativa, começam a surgir tentativas de respostas, que vão sendo transmitidas às novas gerações, primeiramente de forma incipiente, oral e, aos poucos, dando origem a um corpo doutrinal que vai sendo ordenado, sistematizado e purificado.

O estudo do fenômeno religioso, em função de sua especificidade, tem papel fundamental na compreensão da dimensão religiosa de um povo, pois sempre está em sintonia com a cultura e os costumes de uma determinada população. Como vimos, tal fenômeno se manifesta em rituais, celebrações, doutrina e devocionário próprios. Convém lembrarmos que o meio no qual o indivíduo está inserido condiciona seu **ser religioso** e, na maioria das vezes, determina sua filiação a um credo específico. Geralmente, os indivíduos são livres para fazer suas próprias escolhas, porém, quando no ambiente de algumas denominações fundamentalistas, a tentativa de mudança implica enfrentamento familiar, social e cultural e é vista como uma traição. Portanto, o fenômeno religioso deve ser compreendido sempre de um ponto de vista macro, que envolve os aspectos culturais, sociais e a dimensão humana como um todo e com todas as suas implicações.

Assim, compreender o fenômeno religioso é entender como um determinado grupo vivencia o *ethos* e as implicações de tal comportamento em sua relação com a sociedade como um todo – tanto do indivíduo com seus pares quanto com o diferente. A filosofia da religião nos ajuda a compreender melhor esse universo misterioso do fenômeno religioso e a emergência da **alteridade****.

> **SAIBA MAIS** *Ethos*: "Costume, hábito, uso, normas de vida. É o conjunto de comportamentos socialmente aprovados e que correspondem às escalas de valores socialmente reconhecidos como úteis ao corpo social." (La Brosse; Henri; Rouillard, [S.d.], p. 291)

1.3
Religião e modernidade

Ao nos referirmos ao tema **religião e modernidade**, não queremos nos ater às categorias filosóficas, antropológicas e sociológicas das culturas pré-moderna, moderna e pós-moderna como referência histórica.

** Segundo Adriana Mello (2015), alteridade significa o respeito ao outro e ao diferente; significa colocar-se no lugar do outro. A sociedade brasileira é um espaço privilegiado para propiciar a oportunidade de praticar a alteridade e refletir sobre o conhecimento historicamente produzido: a identidade cultural e social e o conhecimento de aspectos da ciência e da cultura nacional, entre os quais se encontram as diferentes tradições e manifestações religiosas presentes em seu meio. Nesse ambiente, é possível entender a amplitude da própria cultura em que o indivíduo se insere. Essa compreensão deve favorecer o respeito à diversidade cultural e religiosa, em suas relações éticas e sociais. A religião acontece dentro de um universo cultural, ora influenciando, ora sendo influenciada pela cultura. A escola e os outros ambientes de produção e de transmissão de saberes, por exemplo, não podem prescindir de sua vocação de instituição aberta ao universo da cultura, aos integrais acontecimentos e à ação do homem. Nesse contexto, a experiência religiosa faz parte desses fenômenos, com os fatos e os sinais que a expressam, fomentando medidas de repúdio a toda e qualquer forma de preconceito e discriminação social, cultural e religiosa.

No presente estudo, nos referimos ao entendimento da religião nos dias atuais, e não nos períodos históricos da filosofia, da sociologia ou de outra ciência, com suas correntes específicas. De acordo com a *Enciclopédia e dicionário ilustrado* de Koogan e Houaiss (2000), o vocábulo *moderno* significa aquilo ou aquele "que pertence ao tempo presente ou a uma época relativamente recente, hodierno, atual". Assim, nos atemos ao conhecimento e à vivência da religião e do indivíduo como um ser religioso em nosso dia a dia.

O mundo de hoje é totalmente diverso daquele de nossos pais, avós e antepassados mais longínquos. O acesso ao conhecimento e às ciências é algo notório e comum. As explicações para os muitos fenômenos da natureza que intrigaram os pensadores gregos e das demais culturas e que deram origem a uma série de especulações filosóficas e tentativas de respostas estão ao alcance de todos. Não existem limites para a pesquisa ou a especulação – como que magicamente, as respostas afloram em nossas mãos, por meio de *smartphones*, *tablets* e outras tantas tecnologias. Aquilo que era obscuro, desconhecido e assustador, hoje está ao alcance de todos, sobretudo das crianças, adolescentes e jovens, como conteúdo de ensino em qualquer escola fundamental.

Apesar de o mundo ter evoluído tanto e as descobertas científicas darem passos astronômicos, o coração humano continua inquieto e desconfortável. A busca de um sossego para o intelecto continua movimentando o ser humano, limitado por sua finitude e inseguro sobre sua eternidade. Um exemplo clássico é a angústia de **Agostinho de Hipona** – cuja produção de conhecimento e filosofia é extensa –, que retrata sua nostalgia do sagrado: "Todavia, esse homem, particulazinha da criação, deseja louvar-Vos. Vós o incitais a que se deleite nos vossos louvores, porque nos criastes para Vós e o nosso coração vive inquieto, enquanto não repousa em Vós" (Agostinho, 1966, p. 27).

Esse posicionamento, síntese da obra *Confissões*, continua suscitando interpretações, as mais variadas possíveis, sendo origem de inúmeras manifestações de entendimento do sagrado.

Ao aprofundar a temática religião e modernidade, percebemos, hodiernamente, um vertiginoso desenvolvimento da razão instrumental tecnológica e sistêmica em detrimento de outros segmentos. Em razão disso, ao tentarmos compreender a sociedade no processo da modernidade, devemos levar em conta alguns aspectos essenciais que atingem o ser humano e o condicionam profundamente***. Entre os diversos aspectos existentes destacamos o fenômeno urbano, com todas as suas implicações; o desenvolvimento científico e tecnológico; a concentração do capital; e a burocratização formal do Estado, com seu consequente agigantamento. Porém, quando nos voltamos aos aspectos culturais e nos detemos na dimensão da emergência da subjetividade, cada vez mais crescente e que atinge o ser humano em sua essência, percebemos profundas transformações comportamentais. O subjetivismo leva ao relativismo, à privatização do universo religioso e a tantos outros possíveis desdobramentos, como veremos adiante.

Segundo Libânio (1995), "ao se aplicar as ciências, sobretudo matemáticas, ao mundo da produção, a sociedade moderna urbana conseguiu criar obras faraônicas em todos os campos". O referido autor recorda que a evolução aconteceu em passos acelerados e o chamado *fenômeno urbano* levou-nos a constatar uma série de consequências – a primeira delas foi o esvaziamento do campo em virtude do crescimento da agroindústria, da concentração da terra e da diminuição da necessidade de mão de obra. Em consequência disso, vimos o vertiginoso crescimento

---

*** Embora esse seja um vasto campo de pesquisa principalmente para a sociologia da religião, a filosofia da religião pode contribuir para uma correta análise dos fatos, pois é dela a responsabilidade de chegar às causas primeiras.

das cidades – repletas de conjuntos habitacionais, prédios de escritórios, polos de serviços e indústrias – e a densa concentração urbana.

A rápida urbanização produziu megalópoles com periferias povoadas de favelas, habitadas por pessoas desenraizadas e fragilizadas****. Para o especialista em filosofia da religião Urbano Zilles (2010, p. 12),

No campo do conhecimento, as modernas ciências experimentais transformaram totalmente nossa visão de mundo e conduziram ao comportamento racional perante a realidade. Permanece e prevalece o que resiste à crítica racional. A ciência e a técnica dão ao homem pelo menos um suposto senhorio sobre as coisas para a sua manipulação e o planejamento racional. O resultado é um mundo hominizado e secularizado, despido dos vestígios de Deus.

As modernas tecnologias estão concentradas nas mãos de um pequeno grupo de empresas, muitas vezes associadas em megablocos que detêm o conhecimento relacionado a essas tecnologias. O mesmo ocorreu com as indústrias de medicamentos e de alimentos e com outros setores. O atual sistema econômico é dominado pelo **poder transnacional**, que determina o capital e deixa os países reféns de sua avidez, provocando constantes migrações de capitais e de serviços, conforme as oportunidades e flutuações econômicas. Essas grandes corporações concentram e controlam a indústria, os mercados internos, os parques tecnológicos e os prestadores de serviços. O governo, por sua vez, em função de sua crescente burocracia e do jogo de interesses políticos, torna-se refém do poder econômico. Diante de um Estado gigantesco e inoperante, o ser humano sente-se impotente,

---

**** Em busca de melhores condições de vida, as pessoas migraram para as cidades, perdendo suas raízes. Na área urbana, isoladas e indefesas, essas pessoas encontram dificuldades em estabelecer novos laços.

tal como fantoche e instrumento de manobra nas mãos daqueles que detêm o poder. Toda essa situação acaba gerando desilusão e angústia.

> **SAIBA MAIS** **Burocracia**: "Poder, influência e rotina no andamento do trabalho dos serviços públicos e, de maneira pejorativa, morosidade e exigências no desempenho dos serviços públicos." (Koogan; Houaiss, 2000, p. 280)

Nesse contexto, a **concepção subjetivista da modernidade** ganha espaço e força. Segundo Ferrater Mora (1964, p. 731, tradução nossa), o subjetivismo se caracteriza pela "redução de qualquer juízo ao sujeito que julga; é o mesmo que dizer da limitação da validez ao sujeito que julga". O subjetivismo é a tendência a só se levar em conta os dados subjetivos, ou seja, do sujeito envolvido. Como também afirmam La Brosse, Henri e Rouillard ([S.d.], p. 739), subjetivismo é o

sistema segundo o qual o homem não conhece as coisas em si mesmas, mas tais como são para ele, como se lhe apresentam. Duas divisões: sistema que afirma que só existe o sujeito que pensa e que representa as coisas (idealismo absoluto) ou sistema em que as representações exteriores não têm substância (fenomenismo).

Com a corrente filosófica subjetivista, a crise do saber, a ausência dos valores fundamentais e universais e, particularmente, a crise generalizada que atinge todas as instâncias da sociedade, sobretudo os campos da educação e da cultura, há a tendência de se cair no **relativismo sistêmico**. Segundo Libânio (1995), a desconfiança atinge os sistemas de verdade, de bem e de valores criados pela razão. As crises das verdades e dos valores perenes, das grandes teorias explicativas da realidade e da história e das instâncias decisórias sociais abrem espaço para as particularidades em todos os níveis. Surgem as "pequenas verdades", as morais provisórias, os interesses pessoais que geram o individualismo.

A verdade absoluta ficou distante e, conforme afirma Zilles (2010, p. 189), "o caminho andado certamente induz a um certo relativismo. No que diz respeito à problemática da religião, parece que a verdade absoluta e definitiva permanece inacessível".

Convém recordar o que nos diz Ferrater Mora (1964, p. 559, tradução nossa) sobre a existência de uma constante tensão positiva entre o viver filosófico e o viver religioso:

> *Ambos pretendem não ser um mero produto da história, mas sim algo que contém a história. O viver filosófico e o viver religioso aspiram a transcender a história dentro da qual se manifestam e a descobrir verdades (absolutas) independentes de toda condição temporal e de toda circunstância.*

Libânio (1995) nos fala da pretensão da modernidade de remeter a religião ao mundo privado e, se fosse possível, de aboli-la totalmente:

> *Entronizou-se a razão crítica como a normadora fundamental da sociedade. O malogro desse projeto revela-se pelo fato de a razão fracassar na tarefa de criar uma sociedade humana, igual, fraterna, livre. Além do mais, ao desalojar a religião da função estruturante e normativa da sociedade e entregá-la à subjetividade das pessoas, terminou por provocar fenomenal surto de denominações e grupos religiosos. Em vez de uma grande religião, de um único universo simbólico tradicional ou de uma razão com pretensões religiosas, assistimos ao emergir de infinitas manifestações religiosas, dos novos movimentos religiosos, autônomos, independentes, flexíveis, criativos, em número sempre maior.*

Sobre o mesmo tema, Zilles (2010, p. 189) afirma:

> *Constatamos, nos tempos modernos, muitas e diferentes concepções de religião, algumas contraditórias, outras semelhantes. Nessa diversidade é difícil encontrar uma concepção comum, pois muitas vezes os diferentes pontos de vista são incompatíveis entre si. Vivemos na luta de cosmovisões antagônicas.*

Não podemos, porém, olvidar da distinção existente entre a religião e a espiritualidade. Assim sendo, temos mais chaves de leituras para compreender o fenômeno moderno da **privatização religiosa**. De acordo com os estudos das pesquisadoras Marques e Dell'Aglio (2009, p. 7),

> Autores contemporâneos, como Walsh (2001), diferenciam a religião da espiritualidade, mais em termos da experiência do sujeito. Enquanto que a religião pode ter vários significados, sendo mais frequentemente relacionada aos valores sagrados e supremos da vida; a espiritualidade se refere à experiência direta do sagrado, mais relativa à experiência mística e de transcendência. De acordo com Zinnbauer e colaboradores (1977), a espiritualidade se refere mais a um fenômeno individual identificado com conceitos como transcendência pessoal, sensibilidade supraconsciente e sentido da vida. Em contraste, a religiosidade é mais comumente descrita como formalmente estruturada e identificada com instituições religiosas e teológicas e com rituais.

Levando em consideração o exposto, podemos compreender o crescente aumento, no período moderno, de pessoas que se dizem possuidoras de espiritualidade, porém, sem a prática da adesão a uma determinada instituição religiosa. É o que podemos considerar privatização religiosa. Sobre isso, Marques e Dell'Aglio (2009, p. 8) afirmam que

> Outro viés que pode aparecer nas pesquisas é o de definir a espiritualidade como algo bom e a religião como má (HILL & PARGAMENT, 2003). A religião, nesse caso, é associada a dogmas, à obediência cega dos fiéis aos comandos daqueles que detêm poder e a [sic] pouca liberdade para interpretar as escrituras.

Considerando a dificuldade de se cumprir as normas preestabelecidas, afirmam as autoras que "a espiritualidade parece boa quando o indivíduo alcança autonomia para desenvolver sua fé, fazendo ajustes conforme seu contexto e vida pessoal, e não se vê oprimido por regras externas" (Marques; Dell'Aglio, 2009, p. 8). Nesse contexto, percebemos certa apatia religiosa crescente entre a população; porém, percebemos também que a busca por socorro sobrenatural continua cada vez mais presente em nossos dias. Essa busca religiosa volta a ocupar o imaginário humano, como nos tempos mitológicos. Já não são as forças desconhecidas da natureza que causam medo, como acontecia na época da filosofia clássica. Hoje, os medos são conhecidos, e as tentativas de responder a esses desafios se multiplicam. A filosofia da religião tem, nesse novo universo, um fecundo campo para estudo e aprofundamento.

Síntese

Caro leitor, nesse primeiro capítulo apresentamos o objeto de estudo da filosofia da religião – ramo da filosofia que investiga as origens e a natureza do fenômeno religioso. Vimos também que ela é distinta da teologia religiosa e não se atém à doutrina religiosa ou a uma crença específica.

Em seguida, compreendemos que o fenômeno religioso corresponde a tudo aquilo que está visível ou é manifestado no âmbito da religião. Trata-se do conjunto de fatores percebidos nos espaços sagrados, nos rituais, nas doutrinas e nos gestos, bem com do impacto desses fatores no comportamento humano.

Concluindo, vimos como a religião é compreendida nos tempos modernos, com todos os aspectos que a condicionam, como o fenômeno urbano e suas implicações; o subjetivismo e suas consequências; e a privatização do universo religioso. Diante disso, a filosofia da religião oferece metodologias para uma reflexão crítica e o entendimento do fenômeno religioso nos dias atuais.

Indicações culturais

Documentário

FÉ: o fenômeno religioso na vida dos brasileiros. Direção: Ricardo Dias. São Paulo: Superfilmes, 1999. 91 min.

Premiado no Festival de Biarritz (França), esse documentário é o primeiro a enfocar a relação do brasileiro com suas divindades. Faz uma radiografia do mosaico de crenças, cultos, seitas e religiões que se espalham por todo o país. Sem narração, o filme dá voz a várias interpretações e empregos da fé.

Atividades de autoavaliação

1. Leia texto a seguir.

   A filosofia da religião, como expressão crítica da reflexão humana sobre o fenômeno religioso, norteia-se por um conjunto de pressupostos. Identificar adequadamente esses pressupostos é fundamental para que seu discurso não se confunda com o discurso religioso em si, aquele que é feito pelo fiel – a quem estamos chamando de Homo religiosus. Sem pretender apresentar uma lista exaustiva de pressupostos para a reflexão filosófica acerca do fenômeno religioso, passamos à exposição de alguns que julgamos fundamentais:

   - *A filosofia da religião ou o estudo filosófico da religião baseia-se na pressuposição de que a religião e as ideias religiosas, pertencentes primariamente à esfera do sentimento e à experiência prática, podem ser também objetos da interpretação científica ou racional.*

   - *O estudo filosófico da religião pressupõe também que, embora a religião e a filosofia estudem os mesmos assuntos, a atitude humana para com eles é diferente em cada caso. Na religião, esses assuntos se apresentam como realidades imediatas e objeto de devoção e gozo espiritual; ao passo que, na filosofia, esses mesmos assuntos se apresentam como objeto de reflexão, apreensão intelectual e mesmo pesquisa especulativa.*

   [...] (Zilles, 2010, p. 17-19)

   Agora, analise com atenção os seguintes enunciados:
   I. A filosofia da religião não é um tipo de teologia nem de apologética.
   II. A filosofia da religião é um discurso do homem religioso sobre suas crenças.
   III. Pertencendo a religião primariamente à esfera da fé, não pode ser objeto de estudo.
   IV. A filosofia e a religião, embora estudem os mesmos assuntos, não se confundem.

v. O que, para a religião, é objeto de fé, para a filosofia, é objeto de reflexão.

Considerando os enunciados, assinale a alternativa que contém as respostas corretas:
a) I, II e III.
b) II, III e IV.
c) III, IV e V.
d) I, IV e V.
e) I, II e V.

2. Leia com atenção os enunciados a seguir:
   I. Compreendemos por fenômeno religioso tudo aquilo que é visível ou manifestado no âmbito da religião.
   II. O fenômeno religioso revela, por meio de suas manifestações, a síntese do *ethos* de uma determinada comunidade.
   III. Fenômeno religioso é o milagre do qual nasceu uma determinada religião.
   IV. O fenômeno religioso tem a ver com a manifestação da divindade a um conjunto de fiéis.
   v. O fenômeno religioso só acontecia na Antiguidade.

Agora, assinale a alternativa que contém as respostas corretas:
a) I e II.
b) I, II, III e IV.
c) III, e V.
d) I, II e V.
e) Todas são corretas.

3. Segundo Ferrater Mora (1964, p. 731, tradução nossa), o subjetivismo se caracteriza pela "redução de qualquer juízo ao sujeito

que julga", ou seja, pela "limitação da validez do juízo ao sujeito que julga". O subjetivismo, portanto, condiciona o comportamento moderno.

Considere os enunciados a seguir a respeito do subjetivismo:

I.   Interpretar a religião por uma ótica moderna.
II. A redução de qualquer juízo ao sujeito que julga.
III. Uma corrente filosófica própria da época pré-socrática.
IV. A tendência a só levar em conta os dados subjetivos.
V.   A interpretação científica de um determinado fato histórico.

Agora, assinale a alternativa que contém as respostas corretas:

a) I e II.
b) II e IV.
c) III, e V.
d) I, e V.
e) Nenhuma das alternativas anteriores está correta.

4. Em nosso estudo, vimos que uma das características dos tempos modernos é a urbanização acelerada. O fenômeno urbano provoca uma série de transformações na vida das pessoas, entre elas em sua forma de crer. Assim sendo, leia com atenção as afirmações a seguir:

I. No campo das modernas tecnologias, vemos a concentração do capital e do poder nas mãos de um pequeno grupo de empresas, muitas vezes associadas em megablocos, que detém o conhecimento sobre essas tecnologias.

II. O fenômeno urbano leva-nos a constatar uma série de consequências, começando pelo esvaziamento do campo, em função do crescimento da agroindústria, da concentração da terra e da diminuição da necessidade da mão de obra.

III. Em consequência de uma concepção subjetivista, as formas de crer se multiplicam e as pessoas se deparam com a diversidade de cultos.

IV. A enorme concentração urbana ocasiona desafios que comprometem a qualidade de vida das pessoas, dificulta seu deslocamento e aumenta sua insegurança.

V. As religiões, muitas vezes, servem de conforto, socorro espiritual e nem sempre são vivenciadas como uma verdadeira filiação religiosa.

Agora, assinale a alternativa que contém as respostas corretas:
a) IV e V.
b) I e V.
c) I, II e III.
d) II e IV.
e) Todas as alternativas estão corretas.

5. O tecido social, étnico e religioso brasileiro é plural: diversas nações, culturas e crenças formam o país. Quando falamos em respeito à diversidade cultural e religiosa, queremos afirmar que:

I. cada pessoa é livre; porém, deve seguir os costumes e a religião da maioria.

II. cada pessoa é livre para manifestar sua própria cultura e escolher a religião que queira seguir.

III. existem várias culturas e religiões que ocupam o mesmo espaço geográfico, portanto, deve haver a compreensão e o respeito de todos.

IV. as pessoas não devem mudar de religião.

v. o fato de toda pessoa ter a liberdade de pensamento, de consciência e de religião inclui a possibilidade de os indivíduos assumirem ou não uma opção de crença (um valor de verdade) de forma coletiva ou individual.

Assinale a alternativa que contém as respostas corretas:

a) I e V.
b) III e IV.
c) II, III e V.
d) IV e V.
e) Todas as alternativas anteriores estão corretas.

Atividades de aprendizagem

Questões para reflexão

1. Defina o que é a filosofia da religião.
2. O que você entende por diversidade cultural e religiosa?
3. O que você entende por filosofia e religião?

Atividade aplicada: prática

Faça uma visita a um lugar de peregrinação e procure observar como as pessoas se comportam diante de um fato religioso. Analise esse fato tendo como base de reflexão o conteúdo sobre fenômeno religioso.

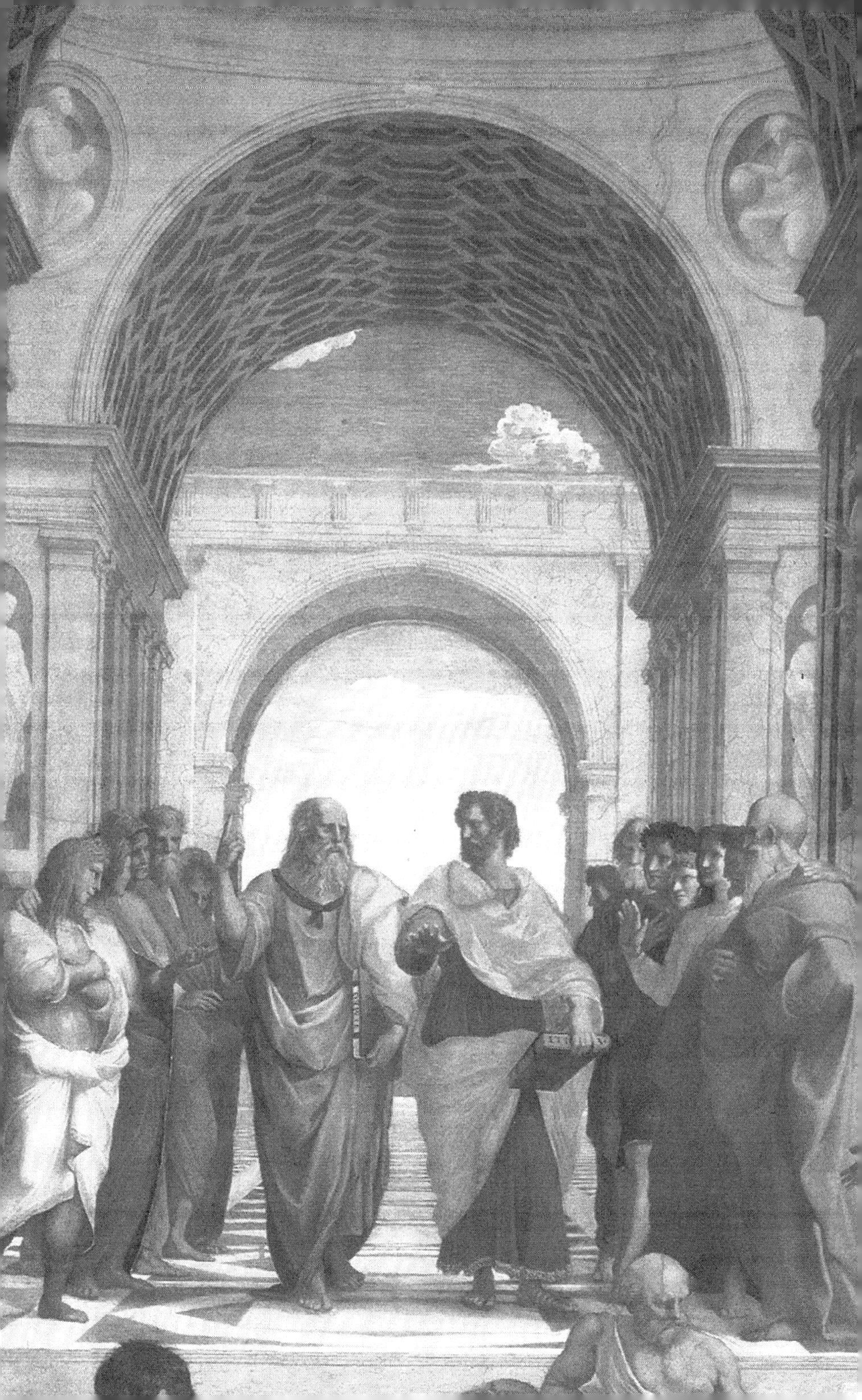

2

O pensamento clássico e o conceito de religião

Percorrendo o pensamento clássico, deparamo-nos com o surgimento do conceito de religião e as primeiras intuições sobre Deus e seus atributos. Especulações e tentativas de dar respostas para a origem do mundo e do homem e os enigmas da humanidade povoaram o imaginário de inúmeros pensadores e escolas filosóficas.

Você está convidado a mergulhar conosco nesses pensamentos e apreciar as tentativas de conceituar essa temática, percorrendo alguns dos principais pensadores da Antiguidade e as diversas correntes filosóficas desse período.

2.1
A filosofia clássica grega e a religião

O nascimento da filosofia grega antiga ocorreu por meio de um processo de depuração da mitologia, que era elementar na religiosidade dos gregos. Muitos autores afirmam que a filosofia nasceu de um rompimento com o pensamento mitológico grego, mas outros defendem que houve uma passagem gradual do mito ao *logos*. O fato é que, já em sua gênese, o fenômeno religioso esteve presente, ainda que de forma especulativa, no pensamento dos filósofos antigos.

> O embate entre a crença no "sobrenatural", na ação direta por parte da divindade sobre o mundo, e a reação a esta tradição por parte de "intelectuais" da época, notadamente os "filósofos da natureza" (physiologoi), marca o momento em que a recorrência à razão (logos), para explicar a natureza como um todo, inaugura um novo modo de perceber o mundo. Tem-se aqui a passagem da crença comum à concepção do mundo enquanto kosmos. (Alves; Redyson, 2010, p. 72)

Nessa citação, podemos perceber que, para Alves e Redyson (2010), ocorreu na Grécia uma passagem da *teogonia* para a *cosmogonia* e, na sequência, para a *cosmologia*. Teogonia (Θεογονία) – que tem origem grega e, etimologicamente, é uma palavra composta pelos termos *theos* (deus) e *gonia* (nascimento) – pode ser tomada pelo sentido de narrativa sobre a origem dos deuses, dos homens e das coisas.

Já cosmogonia (κοσμογονία) – que também vem do grego e é composta pelos termos κόσμος (universo) e γονία (nascimento) – pode ser tomada pelo sentido de narrativa sobre o nascimento e a organização do mundo por meio de forças geradoras – narrativa ainda ligada aos mitos.

Por sua vez, a cosmologia surgiu como o estudo da origem do universo e do mundo com base na natureza (*physis*). O período pré-socrático cosmológico é considerado por Chaui (2002) o primeiro período da história da filosofia. Reale e Antiseri (2007, p. 7) observam que

> para os gregos também foi muito importante Hesíodo com sua Teogonia, que relata o nascimento de todos os deuses. E, como muitos deuses coincidem com partes do universo e com fenômenos do cosmo, a teogonia torna-se também cosmogonia, ou seja, explicação mítico-poética e fantástica da gênese do universo e dos fenômenos cósmicos, a partir do Caos original, que foi o primeiro a se gerar. Esse poema abriu o caminho para a posterior cosmologia filosófica, que, ao invés de usar a fantasia, buscaria com a razão o "princípio primeiro" do qual tudo se gerou.

Nesse período da história da filosofia, os pensadores buscavam superar as explicações sobre a **origem e a transformação do mundo e das coisas** por meio de mitos sobre divindades e forças sobrenaturais, substituindo-as por explicações racionais embasadas na observação da natureza e pela formulação de teorias lógicas.

O conceito de *kosmos* no sentido de mundo ordenado surge da reação à crença na intervenção divina. Os primeiros filósofos, apesar de apresentarem um conceito novo, fizeram-no de forma sutil, pois viviam dentro de uma tradição em que prevalecia a ideia do sobrenatural, de modo que a noção dominante não era a pensada por eles. Os que se sustentavam sobre a crença nos mitos detinham o poder.

Assim, os primeiros filósofos, denominados pela tradição de *pré-socráticos*, também eram chamados de *físicos*, pois buscavam na natureza – e não mais nos mitos – o princípio de todas as coisas. Vale dizer que a noção de natureza dos antigos gregos não era a mesma que temos atualmente.

Para entendermos melhor todo o processo de compreensão da religião e o pensamento filosófico, faz-se necessário mergulharmos na história da filosofia, sobretudo nos conceitos da filosofia antiga grega e greco-romana, que tem uma história de quase três milênios. Para uma melhor compreensão, reportamo-nos a Reale e Antiseri (2007, p. 13-14), que assim dividem esse período:

> A filosofia antiga grega e greco-romana tem uma história mais que milenar. Partindo do século VI a.C., chega até o ano de 529 d.C., quando o então imperador Justiniano mandou fechar as escolas pagãs e dispersar seus seguidores.
>
> Nesse espaço de tempo, podemos identificar os seguintes períodos:
>
> 1) O período naturalista, caracterizado pelo problema da physis (da natureza) e do cosmos, e que, entre os séculos VI e V a.c., viu sucederem-se os jônios, os pitagóricos, os eleatas, os pluralistas e os físicos ecléticos.
>
> 2) O período humanista, [...] que tem como protagonistas os sofistas e, sobretudo, Sócrates, que pela primeira vez procura determinar a essência do homem.
>
> 3) O momento das sínteses de Platão e Aristóteles, século IV a.c., caracterizando-se sobretudo pela descoberta do suprassensível e pela explicitação e formulação orgânica de vários problemas da filosofia.
>
> 4) O período caracterizado pelas escolas helenísticas, que vai da conquista de Alexandre Magno até o fim da era pagã. Além do florescimento do cinismo, vê surgirem também os grandes movimentos do epicurismo, do estoicismo, do ceticismo e a posterior difusão do ecletismo.
>
> 5) O período religioso do pensamento veteropagão [...] desenvolve-se quase inteiramente na época cristã, caracterizando-se sobretudo por um grandioso renascimento do platonismo, que culminaria com o movimento neoplatônico. O reflorescimento das outras escolas seria condicionado de vários modos pelo mesmo platonismo.
>
> 6) Nesse período nasce e se desenvolve o pensamento cristão, que tenta formular racionalmente o dogma da nova religião e defini-lo à luz da razão, com categorias derivadas dos filósofos gregos.

Assim fecha-se esse ciclo, que compreende o período da sistematização da filosofia antiga até a influência do pensamento cristão.

2.1.1 Os pré-socráticos

O alvorecer da filosofia grega e do **pensamento humano sistematizado** tem seu marco inicial no século VI a.C., na Grécia e em suas colônias. Nesse período, os pensadores se destacavam como observadores dos fenômenos naturais e, por isso, ficaram conhecidos como *físicos*, conforme já expusemos anteriormente.

Os principais protagonistas do período naturalista foram **Tales de Mileto**, com a teoria da água como substância única de todas as coisas; **Pitágoras**, ensinando que o número e as relações matemáticas são o princípio essencial de todas as coisas; **Anaximandro**, pensador que afirma ser o *ápeiron*, substância indefinida, o princípio de tudo; **Heráclito**, que estabeleceu o *logos*, lei universal e fixa que rege todos os acontecimentos particulares e é o fundamento da harmonia universal; e **Parmênides**, que definiu o ser como único, imutável, infinito e imóvel, sempre idêntico a si mesmo. Vejamos, a seguir, uma rápida abordagem sobre esses principais pensadores pré-socráticos.

Tales de Mileto

A Tales foi atribuído o início da filosofia grega. Viveu em Mileto, na Jônia, entre os anos 624 a.C.-548 a.C. Também cientista e político, o filósofo não deixou obras escritas. Seus pensamentos chegaram até nós por meio de seus discípulos. Tales deu início à filosofia da *physis*, pois foi o primeiro a afirmar a existência de um princípio único, originário e causa de tudo o que existe: a água.

A dedução de Tales pode ser considerada a primeira proposição filosófica e aquela que levou à criação da filosofia. O termo *princípio* (*arché*) certamente foi introduzido por seus discípulos e é a melhor expressão até então utilizada para se tratar da origem de todas as coisas. Portanto,

Como nota Aristóteles em sua exposição sobre o pensamento de Tales e dos primeiros físicos, o "princípio" é "aquilo do qual DERIVAM *originariamente e no qual se resolvem por último todos os seres", é "uma realidade que permanece idêntica no transmutar-se de suas alterações", ou seja, "uma realidade que continua a existir de maneira imutada, mesmo através do processo gerador de todas as coisas".*

Assim, o "princípio" é, portanto: a) a fonte e a origem de todas as coisas; b) a foz ou termo último de todas as coisas; c) o sustentáculo permanente de todas as coisas (a "substância", poderíamos dizer, usando um termo posterior). Em suma, o "princípio" pode ser definido como aquilo DO QUAL *provêm, aquilo* NO QUAL *se concluem e aquilo* PELO QUAL *existem e subsistem todas as coisas.* (Reale; Antiseri, 2007, p. 18, grifo do original)

Tales chegou à constatação de que o princípio de tudo é a água observando que a nutrição de todas as coisas é úmida. As sementes e os germes de todas as coisas têm natureza úmida e ausência desse elemento implicaria a morte de tudo. Portanto, "tudo vem da água, tudo sustenta sua vida com água e tudo termina na água" (Reale; Antiseri, 2007, p. 37). O fundamento de suas conclusões é o raciocínio puro sobre o *logos*. A dedução de Tales de que tudo depende da água coincidia com a compreensão do divino.

Anaximandro de Mileto

Anaximandro, discípulo de Tales, também nasceu em Mileto, em 610 a.C., e morreu em 546 a.C. Esse filósofo aprofundou a problemática sobre o princípio de todas as coisas. Para ele, a água é algo derivado; portanto, o princípio de tudo (*arché*) não seria ela, e sim o infinito, ou seja, uma natureza (*physis*) infinita e indefinida, da qual provêm todas as coisas existentes.

O termo usado por Anaximandro é *ápeiron*, que significa aquilo que está privado de limites, tanto externos quanto internos, portanto, ilimitado. O *ápeiron* pode dar origem a todas as coisas, delimitando-se de vários modos. Esse princípio abarca, circunda, governa e sustenta tudo justamente porque, como delimitação e determinação dele, todas as coisas geram-se a partir dele, nele consistem e nele existem.

Anaxímenes de Mileto

Outro pensador da região de Mileto foi Anaxímenes (588 a.C.-524 a.C.), discípulo de Anaximandro. Para ele, o princípio de tudo é o ar infinito, substância aérea ilimitada: "Exatamente como a nossa alma (ou seja, o princípio que dá a vida), que é ar, se sustenta e se governa, assim também o sopro e o ar abarcam o cosmo inteiro" (Anaxímenes, citado por Reale; Antiseri, 2007, p. 21). Portanto, Anaxímenes considera o ar como **o divino**.

Heráclito de Éfeso

Descendente de uma família nobre de Éfeso, de temperamento melancólico e solitário, Heráclito viveu entre os séculos VI a.C. e V a.C. Desse pensador herdamos o princípio de que tudo escorre, tudo flui. Para Heráclito, o princípio de tudo é o fogo/*logos* e o mundo é dirigido pela luta dos contrários que se compõem em harmonia.

Segundo Copleston (1946), Aristóteles descreve a doutrina de Heráclito com a afirmação de que "todas as coisas estão em movimento, nada está fixo". Segundo esse pensador, tudo passa, tudo muda; é famosa sua afirmação de que não se pode entrar duas vezes no mesmo rio, pois as águas já não são as mesmas, são outras, porque as primeiras se foram. A contribuição original de Heráclito para a filosofia consiste em sua concepção da unidade na diversidade, da diferença na unidade. Para ele, a luta dos opostos entre si, longe de ser um defeito na unidade do Uno, passa a ser essencial para o próprio ser do Uno. Com efeito, o Uno só pode existir na tensão dos contrários.

A experiência sensível a que podemos nos referir é a de que o fogo vive se alimentando de uma matéria heterogênea, que ele consome e transforma em si – sem essa provisão de matéria, ele morreria, deixaria de arder. A existência do fogo depende dessa **luta**, dessa **tensão** entre as partes envolvidas.

Temos, portanto, um símbolo sensível de uma ideia filosófica. Esse simbolismo se vincula à noção de princípio de uma maneira muito mais intrínseca do que sucedia com a água e o ar, como vimos nos pensadores anteriores. A escolha de Heráclito pelo fogo como natureza essencial da realidade não é um meio de distingui-lo dos demais pensadores, mas é, sim, sua ideia filosófica essencial. Diz ele que "o fogo é a perfeita expressão do movimento perene" (Reale; Antiseri, 2007, p. 23).

O fogo é, para Heráclito, o **princípio** fundamental, e todas as coisas são como transformações do fogo:

> *o fogo expressa de modo exemplar as características de mudança contínua, do contraste e da harmonia. Com efeito, o fogo está continuamente em movimento, é vida que vive da morte do combustível, é contínua transformação deste em cinzas, fumaça*

e vapores, é perene "necessidade e saciedade", como diz Heráclito a respeito de seu Deus. (Reale; Antiseri, 2007, p. 23)

O fogo, como origem de tudo, contém em sua essência as características da mudança.

Parmênides de Eleia

Parmênides (530 a.C.-460 a.C.) passou a maior parte da vida em Eleia, perto de Nápoles, na Itália. Segundo Reale e Antiseri (2007), ele foi considerado o fundador da **escola eleática** e escreveu um poema sobre a natureza, no qual estabeleceu três vias de pesquisa: a da verdade absoluta; a das opiniões falazes; e a da opinião plausível.

Com base em Reale e Antiseri (2007), podemos dizer que a primeira via afirma que "o ser existe e não pode não existir" e que "o não ser não existe", e isso acarreta toda uma série de consequências. Trata-se da via da verdade absoluta. Para Parmênides, em primeiro lugar, tudo o que alguém pensa e diz é; em segundo lugar, o ser é não gerado (porque de outro modo deveria derivar do não ser, mas o não ser não existe); em terceiro lugar, o ser é incorruptível (porque de outro modo deveria terminar no não ser).

De acordo com Reale e Antiseri (2007), a segunda via é a do erro. Segundo o filósofo, confiando nos sentidos, admite-se que exista o devir, caindo, por conseguinte, no erro de admitir a existência do não ser.

Já a terceira via é um meio-termo entre as duas primeiras: reconhecendo que também os opostos, como a luz e a noite, devam identificar-se no ser (a luz *é*, a noite *é*, portanto, ambas *são*, ou seja, coincidem no *ser*). Os testemunhos dos sentidos devem, portanto, ser radicalmente repensados e redimensionados no nível de razão.

Para Parmênides, a única verdade é o ser não gerado, incorruptível, imutável, imóvel, igual, de forma esférica e uno, como princípio de tudo (Reale; Antiseri, 2007).

Pitágoras de Samos

Pouco sabemos sobre a vida de Pitágoras, que nasceu em Samos. Seu apogeu ocorreu em 530 a.C., e sua morte, no início do século V a.C. Também pouco conhecemos sobre a **escola pitagórica**, que era protegida por regras de sigilo. De certa forma, essa escola se confundia com um culto religioso do qual ele era o líder. Os seguidores de Pitágoras procuravam viver uma vida exemplar e aceitavam o conceito da transmigração da alma. O grupo manifestava um interesse pelos estudos e pelo crescimento intelectual, sobretudo no âmbito da matemática e da magia dos números.

> **SAIBA MAIS** **Transmigração da alma**: Doutrina filosófica que defende a migração da alma para corpos de animais.

Pitágoras de Samos exerceu grande influência sobre a filosofia, a religião e o mundo da política. Muitos escritos foram atribuídos a esse pensador, mas os que chegaram até nós são falsificações posteriores, compondo um misto de mitos e verdades. O filósofo, após sua morte, dado o estilo de vida que adotava, começou a ser venerado por seus seguidores, os membros da escola pitagórica, quase como uma divindade.

Esse sábio pensador é considerado o fundador da matemática grega e o criador da vida contemplativa, chamada carinhosamente por seus seguidores de *vida pitagórica*. Por esse motivo, é impossível falar em Pitágoras sem falar de seus discípulos:

> *Aristóteles não tinha à disposição elementos que lhe permitissem distinguir Pitágoras de seus discípulos, e falava dos "assim chamados pitagóricos", ou seja, os filósofos "que eram chamados" ou "que se chamavam pitagóricos", filósofos que procuravam juntos a verdade e que, portanto, não se diferenciavam individualmente.*
> (Reale; Antiseri, 2007, p. 26)

Com os pitagóricos, a pesquisa filosófica assumiu uma conotação totalmente diferente da assumida pelos demais pensadores. Aconteceu uma evolução no pensamento que aponta para um princípio originário mais lógico: **o número e seus componentes**. Vejamos o que Aristóteles (citado por Reale; Antiseri, 2007, p. 26) afirma sobre o pensamento pitagórico:

> *Os pitagóricos foram os primeiros que se dedicaram à matemática e a fizeram progredir. Nutridos por ela, acreditaram que seus princípios fossem os princípios de todas as coisas que existem. E, uma vez que na matemática os números são, por sua natureza, os princípios primeiros, precisamente nos números eles acreditavam ver, mais que no fogo, na terra e na água, muitas semelhanças com as coisas que existem e se geram [...]; e, além disso, como viam que as notas e os acordes musicais consistiam em números; e, por fim, como todas as outras coisas, em toda a realidade, pareciam-lhes serem feitas à imagem dos números e que os números fossem aquilo que é primeiro em toda a realidade, pensaram que os elementos do número fossem elementos de todas as coisas, e que todo o universo fosse harmonia e número.*

Segundo a escola pitagórica, o mundo deixou de ser subjugado por tenebrosas e inexplicáveis forças, convertendo-se em número, expressando ordem, razão e verdade. Para esses místicos pitagóricos, o fim último do homem era regressar ao seio da divindade e, para isso, era necessário ter uma vida digna e justa, ou seja, ser um "seguidor de Deus".

Filosofia e religião se confundem profundamente no pensamento pitagórico. A funcionalidade e a harmonia dos números geram a **ordem**, ou seja, o *kosmos*, em grego. Para esses pensadores, céus, terra, homens e divindades são mantidos unidos pela ordem como um todo, ou seja, pelo cosmo. Segundo Reale e Antiseri (2007, p. 28), "é dos pitagóricos a ideia de que os céus, girando, precisamente segundo o número e a harmonia, produzem 'celeste música de esferas, belíssimos concertos, que nossos ouvidos não percebem ou não sabem mais distinguir, por estarem habituados desde sempre a ouvi-los'".

Demócrito de Abdera

Esse filósofo, pertencente à **escola atomista**, viveu entre os séculos VI a.C. e V a.C. Foi contemporâneo do grande pensador Sócrates. A escola atomista foi fundada por Leucipo, de Mileto; porém, foi Demócrito que a elevou ao mais alto grau. Para os seus seguidores, tudo o que existia era constituído por átomos e pelo vazio, que era o espaço entre os átomos. Os átomos constituíam o que é, e o vazio o que não é. Para Hamlyn (1990, p. 23),

André Müller

Os átomos movem-se no vazio, talvez como resultado de um vórtice inicial; colidem e formam compostos, parcialmente porque se tornam encadeados entre si e, até certo ponto, porque formam sistemas vibratórios, nos quais os átomos não podem escapar facilmente do complexo. Os átomos variam de tamanho, embora todos eles sejam invisíveis.

Átomo: é uma das mais significativas criações do pensamento grego. Significa indivisível, e para Leucipo e Demócrito – e a seguir também para Epicuro – indica o princípio de toda a realidade.

O átomo não é visível a não ser pelo olho do intelecto. Não tem qualidade, mas apenas formas geométricas, ordem e posição. É imutável, incorruptível, naturalmente dotado de movimento. Os átomos são infinitos em número. Todas as realidades nascem por agregação de átomos e morrem pela sua desagregação. (Reale; Antiseri, 2007, p. 45)

> **SAIBA MAIS**
>
> **Escola atomista**: Defendia que tudo o que existia era constituido por átomos. Segundo Koogan e Houaiss (2000, p. 151) "o atomismo é o sistema filosófico que encara o universo formado de átomos associado em combinações fortuitas e puramente mecânicas". *Átomo*, em grego, significa o que não pode mais ser dividido.

Como os átomos são infinitos, assim também são os mundos, pois as combinações são intermináveis, podendo, é claro, por causa disso, ocorrer combinações idênticas, resultando em mundos idênticos. Para o atomismo, existe uma lei cíclica que rege o universo: os mundos nascem, se desenvolvem e se corrompem, dando lugar ao surgimento de outros mundos. Não existe, para esses pensadores, uma causa inteligente ou final que cause o surgimento desses mundos. A ordem existente é fruto do movimento mecânico dos átomos. Existem, porém, átomos que podem ser privilegiados e com características especiais, e Demócrito os considerou divinos.

Com os pensadores da escola atomista, nós temos o término do que denominamos *período pré-socrático* do pensamento filosófico clássico.

Principais pré-socráticos
- **Tales de Mileto (624 a.C.-548 a.C.)**
Tales de Mileto é considerado o fundador da escola jônica e o mais antigo filósofo grego. Tales ensinava que tudo era feito de água. Também era matemático e astrônomo. Previu eclipses, estudou as fases da lua e os solstícios, a fim de elaborar um calendário. Examinou, ainda, o movimento dos astros para orientar a navegação.
- **Anaximandro de Mileto (610 a.C.-546 a.C.)**
Para Anaximandro, o princípio (*arché*) é o infinito, ou seja, uma natureza (*physis*) infinita e indefinida, da qual provêm todas as coisas que existem. O termo usado por ele é *ápeiron*, que significa aquilo que está privado de limites, tanto externos como internos, portanto, ilimitado. O *ápeiron* pode dar origem a todas as coisas, delimitando-se de vários modos. Esse princípio abarca, circunda, governa e sustenta tudo.
- **Anaxímenes de Mileto (588 a.C.-524 a.C.)**
Segundo Anaxímenes, o princípio de tudo é o ar. Dedicou-se à meteorologia e foi o primeiro a afirmar que a Lua recebe sua luz do Sol.
- **Heráclito de Éfeso (séculos VI a.C.-V a.C.)**
Heráclito escreveu o livro *Sobre a natureza* de forma tão concisa que recebeu o apelido de obscuro. É considerado um dos maiores pensadores pré-socráticos. Para ele, o **ser** é um eterno vir a ser; para ele, tudo é movimento. É dele a expressão: "ninguém entra duas vezes no mesmo rio, pois a água flui e nós também mudamos". Para Heráclito, o princípio de tudo é o fogo.

- **Parmênides de Eleia (530 a.C.-460 a.C.)**
Conhecido pela afirmação: "o ser é ou não é, porque aquilo que não é jamais virá a ser e o que é não deixará de ser". Negava o movimento e afirmava que o todo é uno e é o princípio de tudo.
- **Pitágoras de Samos (séculos VI a.C.-V a.C.)**
Foi o fundador da escola pitagórica, segundo a qual a essência e o princípio de todas as coisas são os números. Os pitagóricos são considerados uma espécie de seita religiosa; acreditavam na purificação da alma por meio da atividade teórica, capaz de subtraí-la da cadeia dos renascimentos. Não existem registros escritos de Pitágoras.
- **Demócrito de Abdera (séculos VI a.C.-V a.C.)**
Para ele, tudo aquilo que existe é feito de átomos, corpúsculos simples e indivisíveis que compõem toda a matéria. Segundo esse filósofo, a ordem existente no universo é fruto do movimento mecânico dos átomos.

2.1.2 Sócrates, Platão e Aristóteles

Estes três majestosos filósofos gregos deixaram um grande legado para a humanidade: Sócrates, Platão e Aristóteles, entre tantos outros, formaram uma escola de pensadores vivos, uma vez que suas ideias e concepções acerca do mundo, de Deus, da educação, da sociedade e da política influenciaram praticamente a totalidade do pensamento ocidental e continuam a inspirar, impulsionar, formar e educar inúmeras gerações.

Sócrates (470 a.C.-399 a.C.) é o personagem considerado o grande divisor de águas da filosofia grega antiga. Vale a pena, aqui, recordar que os filósofos que viveram antes dele foram denominados *pré-socráticos*, e é assim que compreendemos os períodos da história da filosofia.

Até Sócrates, os pensadores procuravam explicações para as situações que aconteciam no mundo fazendo a análise das forças e dos fenômenos da natureza. Porém, esse eminente pensador buscou essas explicações dentro de si mesmo e revolucionou a maneira de pensar. Mostrou-nos que a capacidade de pensar e refletir sobre um determinado tema faz toda a diferença no relacionamento humano e que a maioria das respostas que buscamos está dentro de nós mesmos. O pensador não deixou escritos e tudo o que sabemos sobre seu método de raciocinar, chamado de *maiêutica socrática*, nos foi atestado por seus discípulos – de maneira particular, por Xenofonte e Platão.

> **SAIBA MAIS**
> **Maiêutica**: A metodologia introduzida por Sócrates para provocar a arte de raciocinar é conhecida como *maiêutica*, isto é, a arte de dar à luz um novo conhecimento. Tal método foi inspirado na atividade de sua mãe, que era parteira e ajudava mulheres a trazerem seus filhos ao mundo. Assim como a mãe ajudava a dar à luz uma nova vida, Sócrates favorecia aos seus discípulos chegar ao conhecimento que estava dentro deles.

O filósofo grego **Platão**, nascido em Atenas, provavelmente em 427 a.C. ou 428 a.C., faz severas críticas à ideia de que a natureza e a casualidade foram geradoras únicas de todas as coisas que existem e do próprio cosmos, como acreditavam os pré-socráticos. Ele introduz o conceito de *demiurgo* como uma espécie de arquiteto que organizou a matéria que já existia de maneira amorfa no caos. Reale e Antiseri (2007, p. 144) assim explicam: "existe um Demiurgo, isto é, um Deus-artífice, um Deus que pensa e quer (e que é, portanto, pessoal), o qual, assumindo como 'modelo' o mundo das ideias, plasmou a '*chora*', ou seja, o receptáculo sensível, segundo esse 'modelo', gerando dessa forma o cosmos físico".

Mas como podemos entender esse conceito grego de um demiurgo que deu origem ao mundo? Segundo Platão (citado por Reale; Antiseri, 2007, p. 144),

> Deus, querendo que todas as coisas fossem boas e, à medida do possível, não fossem más, tomou tudo quanto havia de visível que não se encontrava calmo, mas se agitava de forma irregular e desordenada, e o fez passar da desordem para a ordem, acreditando que isso era muito melhor do que aquilo que antes acontecia. Com efeito, nunca foi nem é lícito ao ótimo fazer outra coisa senão a mais bela.

Portanto, segundo Reale e Antiseri (2007), Platão compreende o demiurgo como uma força ordenadora de tudo, ou seja, a "alma do mundo": "o Demiurgo dotou o mundo, além de um corpo perfeito, também de alma e de inteligência perfeitas. Assim, criou a alma do mundo, servindo-se de três princípios: a essência, o idêntico e o diferente. E uniu a alma ao corpo do mundo" (Reale; Antiseri, 2007, p. 144).

Porém, alertamos que o conceito de demiurgo de Platão não pode ser confundido com o conceito do Deus cristão, não apenas porque a filosofia clássica grega é anterior à época do surgimento do cristianismo, mas também porque a figura do demiurgo não é uma divindade a ser cultuada e nem há na Grécia a ideia de um criador amoroso preocupado com as criaturas.

Outro importante expoente da filosofia antiga foi **Aristóteles** (384 a.C.-322 a.C.). Sua herança filosófica e suas ideias sobre a humanidade têm influências significativas na formação e no pensamento ocidental contemporâneo. Aristóteles é considerado o criador do pensamento lógico. Suas obras influenciaram também a teologia medieval da cristandade. Aos 17 anos de idade, Aristóteles foi viver em Atenas e lá conheceu Platão e sua obra.

Os estudos filosóficos de Aristóteles baseavam-se em experimentações para comprovar fenômenos da natureza. Sua ampla produção literária atingiu muitas áreas do conhecimento: política, lógica, ética, moral, teologia, metafísica, didática, poética, retórica, física, antropologia, psicologia e biologia. Sua principal obra é o *Organon*, que reúne boa parte de sua produção intelectual.

Aristóteles, que também discorreu sobre a gênese do cosmos, a respeito de muitos conceitos, tinha uma posição diferente daquela de seu mestre. No Livro XII da *Metafísica*, Aristóteles discute a natureza dos movimentos e da mudança, assim como a substância primeira de todas as coisas. Segundo Aristóteles, a substância é a união entre a matéria e a forma. Para dar conta do problema do movimento, ele desenvolveu a teoria do ato e potência, segundo a qual a matéria tem a potência de tornar-se algo e de assumir uma forma (*eidos*), ao passo que a essência é aquilo que é e que não pode deixar de ser. Nessa argumentação, Aristóteles (1969, p. 250) define:

> *Existem três classes de substâncias. Uma é a sensível, que se divide em eterna e corruptível [...]; [essa é], por exemplo, as plantas e os animais. A outra é a eterna, cujos elementos são necessários inquirir, são um e vários. A terceira é imóvel, [...] As duas primeiras pertencem ao domínio da Física (pois implicam movimento); mas a terceira corresponde a outra ciência, que não tem nenhum princípio comum a todas elas.*

Para Aristóteles, as substâncias móveis, corruptíveis e efêmeras são antecedidas por uma substância imóvel, incorruptível e eterna, chamada por ele de *primeiro motor*, que move sem ser movido.

Segundo Aristóteles, o primeiro motor é responsável pelo princípio do movimento; é, ao mesmo tempo, causa e finalidade. Ele é o causador do início do movimento dos astros e das efemérides celestes. O primeiro motor é contingente e necessário, é incorruptível e imóvel. Ele é necessário porque tudo o que é movido precisa de um ser movente que o coloque em movimento. Ele é eterno porque não tem princípio ou fim. É imóvel em função do fato de o movimento exigir uma força infinita que não possa vir dos entes, mas que seja causa última do movimento dos entes. É incorruptível porque não tem a materialidade que é passível de corrupção.

Assim como no caso do demiurgo de Platão, não podemos confundir o primeiro motor de Aristóteles com o Deus cristão, ou de qualquer outra religião, como nos alerta Urbano Zilles (2010, p. 13): "Este Deus (o Deus da *Metafísica* de Aristóteles) é ato puro, um Deus que não pode ser objeto da religião, mas só da filosofia, pois só se chega a ele pela razão. Desta forma, perdem-se os deuses da religião grega e seu culto".

Já para Sócrates, os assuntos pertinentes à questão da religião eram ainda mais presentes do que para Platão e Aristóteles – a começar por seu julgamento e morte, cujo principal motivo era a acusação de corromper a juventude e não acreditar nos deuses da cidade. Porém, ele não menosprezava as crenças populares de sua época, como podemos ver no texto de Xenofonte: "Como, então, poderia ser submetido a julgamento, ele que, longe de pretender a inexistência dos deuses, como o incrimina o auto da condenação, mais que ninguém foi respeitoso da divindade?" (Platão, 1987).

Outra passagem importante que marca a relação da filosofia socrática com os deuses da época está na obra *Fédon*, de Platão, na qual o filósofo descreve o julgamento e a morte do mestre. Sócrates, depois de beber a cicuta, veneno preparado para sua morte, e sentindo seu efeito, exclamou: "Críton, devemos um galo a Asclépio. Não te esqueças de saldar essa dívida!" (Platão, 1972, p. 118).

Asclépio não faz parte do panteão das divindades olímpicas, mas acabou por se tornar uma das divindades mais populares do mundo antigo. Assim, podemos notar, desde a aurora da filosofia, uma estrita relação com preceitos ligados ao que se propõe estudar a filosofia da religião, ou seja, a ideia de deuses/deus e a origem de todas as coisas.

Ainda que o termo *religião* tenha sido forjado na Idade Média, por conta do mito judaico-cristão da gênese, os filósofos da religião estabelecem uma estrutura para esse campo que se junta ao pensamento dos primeiros filósofos da Antiguidade.

> **SAIBA MAIS** **Asclépio** (Ἀσκληπιός): Popularmente conhecido como o deus da medicina e da cura na mitologia greco-romana. Porém, era um semideus, filho do deus Apolo e da mortal Corônis. Teria nascido de cesariana após a morte de sua mãe e levado para ser criado pelo centauro Quíron, que o educou na caça e nas artes da cura. Aprendeu o poder curativo das ervas e a cirurgia e adquiriu tão grande habilidade que podia trazer os mortos de volta à vida – habilidade pela qual Zeus o puniu, matando-o com um raio.

2.2
A religião no período do helenismo

Helenismo *é o* nome dado ao período que vai do império de Alexandre Magno – o império macedônico – até a época da dominação romana (fim do século IV a.C. ao fim do século I d.C.). Alexandre foi o grande responsável por expandir a influência grega desde o Egito até a Índia.

Um novo cenário mundial se estabeleceu com a ascensão do império de Alexandre, que levou a cultura e a forma de vida helenísticas a fronteiras antes distantes. Essa era durou pelo menos 300 anos, marcou a **transição da cultura grega para a romana**, e teve sua derrocada mais ou menos 30 anos antes da invasão do Egito por Roma.

Segundo o historiador francês Henri-Irénée Marrou (1980), a **religião helenística**, chamada por muitos de *pagã*, sempre foi uma religião do sagrado. Na Grécia clássica, assim como na Roma republicana, o sagrado permeava todos os acontecimentos da vida humana, "do nascimento à tumba" (Marrou, 1980, p. 46, tradução nossa). Dessa forma, os eventos e espaços da vida quotidiana estavam sempre se relacionando com as manifestações do sagrado. A cidade antiga como um todo se tornou um espaço sagrado.

Nessa época, chamada de *Primeira Antiguidade*, a relação entre a vida na cidade e a natureza não havia sofrido a ruptura que sentimos em nossos tempos, pois os antigos viviam de forma que não havia um sentimento de apartamento do mundo natural e da mística que atribuíam a ele. Não se distinguia a cidade da natureza, uma vez que não existia uma ruptura entre a paisagem natural e os espaços habitados nas cidades. Podemos observar esse entendimento no livro *A cidade antiga*, do historiador francês Fustel de Coulanges (1998, p. 127), segundo o qual "o homem dos primeiros tempos achava-se continuamente em presença da natureza; os costumes da vida civilizada não haviam estabelecido uma separação entre a natureza e o homem".

Contudo, séculos mais tarde, no período que os historiadores denominam *Segunda Antiguidade*, essa relação estreita entre a cidade e a natureza começou a se romper: o que era uma religião familiar e coletiva passou a esboçar traços mais particulares e se tornar uma religião mais do indivíduo. A cidade, então, se distinguiu da paisagem natural e se tornou o espaço do homem civilizado.

Segundo Marrou (1980), a Segunda Antiguidade foi marcada pela abertura das cidades ao mundo além de suas fronteiras, e, como consequência, houve uma dessacralização da vida cotidiana e da natureza. O helenismo fica, assim, caracterizado por essa Segunda Antiguidade, que abrange a unificação cultural no Mediterrâneo. "Aquele primeiro sentimento de pertencimento à cidade foi abandonado em favor do sentimento de pertencimento ao Império e à cultura helenístico-romana" (Marrou, 1980, p. 47).

No contexto dessa cultura helenística, surgem três grandes correntes filosóficas preocupadas com a felicidade: o estoicismo, o epicurismo e o ceticismo. Vejamos com mais detalhes cada uma dessas importantes correntes filosóficas helenísticas e a forma como a filosofia da religião está presente nelas.

2.2.1 Estoicismo e epicurismo

O termo **estoicismo** tem origem na palavra grega *Stoa* (Στωικισμός), ou *portais*, pois eram nos pórticos que se reuniam seus adeptos. Trata-se de uma escola de filosofia fundada em Atenas por Zenão de Cítio, no século III a.C. Para os estoicos, emoções ruins são resultado de erros nos julgamentos, de modo que um sábio com perfeição intelectual e ética não teria esse tipo de emoção. Segundo os pensadores do estoicismo, o universo é físico e corpóreo; porém, é governado por um *logos*, uma razão divina. Esse conceito é tomado por Heráclito de Éfeso, pré-socrático visto anteriormente, e desenvolvido pelos estoicos.

Para eles, o *animus* (alma) humano faz parte desse *logos* divino e se identifica com ele, pois só existe na qualidade de constituinte desse todo, pertencendo, assim, a ele. Essa **razão universal** dá origem a todas as coisas, e é dela que vem a existência do cosmos. Segundo o estoicismo, todo o bem que existe está contido na retidão da vontade; já o mal está no vício. O que não é nem virtude nem vício é indiferente.

Portanto, muitas coisas que são tomadas como *um mal em si*, como a doença, a morte e a pobreza, embora não sejam desconsideradas, não são preponderantes, porque o sábio é sempre feliz, mesmo com as adversidades e com o sofrimento. Por outro lado, a pessoa má é sempre infeliz por conta do próprio vício e de suas consequências.

O pensamento filosófico dos estoicos se baseia no entendimento da condição trágica do ser humano, cujo destino está ligado à dor, ao sofrimento e, finalmente, à morte, situações irremediáveis. Porém, cabe ao ser humano agir com racionalidade e fazer o melhor de si, realizando, assim, todo o bem possível. Para os estoicos, apesar de todas as coisas que não dependem de nós, temos o poder de decisão e de escolha de nossos caminhos; podemos, inclusive, escolher sermos felizes apesar dos infortúnios.

Em resumo, é necessário agir de acordo com a razão, tendo uma ação apropriada, porque uma parte do que nos acontece depende de nós e outra parte, não. Assim, independentemente do meio externo, devemos ter atitudes razoáveis para sermos felizes.

O **epicurismo** (Ἐπίκουρος), por sua vez, é uma escola filosófica helenística fundada pelo pensador grego Epicuro (341 a.C.-270 a.C.), nome que significa *camarada* ou *aliado*, cuja filosofia aponta para o **prazer como caminho da felicidade e do sentido da vida**. Em muitos aspectos, se diferencia do estoicismo, que apregoava uma ética rígida. De acordo com o epicurismo, não existe um destino preexistente e a morte não deve ser motivo de angústia.

O fundamento filosófico da doutrina de Epicuro é o cuidado da saúde da alma. Assim, como a medicina se ocupa do mal que atinge o corpo, a filosofia só alcança seus objetivos se cuidar da alma. Um famoso discípulo de Epicuro, Diógenes de Enoanda, resumiu os preceitos do epicurismo em quatro grandes sabedorias: os deuses não devem ser temidos; a morte não deve amedrontar; o bem é fácil de ser obtido; e o mal é fácil de suportar.

É comum se atribuir um tipo de ateísmo a Epicuro, pois, para ele, os deuses eram indiferentes aos seres humanos, não se importando com suas efemeridades. Portanto, não faria sentido temer os deuses ou mesmo bajulá-los. Para Epicuro, os deuses nem sequer traçariam nossos destinos, pois este seria forjado pelas mãos humanas.

A moral no pensamento epicurista é hedonista. O **hedonismo** é uma doutrina filosófica que proclama o prazer como fim supremo da vida. Portanto, para os hedonistas, a base da existência humana deve ser marcada pela busca do prazer e pela supressão da dor.

Muito embora, para o epicurismo, o fim da vida seja o prazer sensível e o critério de toda a moralidade seja o sentimento, não se trata de um prazer momentâneo, pois este traz consequências. Para o epicurismo, o bem supremo é o prazer e o mal supremo é a dor; assim, o prazer só deve ser recusado quando traz ou causa consequências danosas e sofrimento; este, por sua vez, só pode ser aceito se for o caminho para um prazer maior ou a abolição de todos os outros sofrimentos. Portanto, não estamos falando do prazer do homem vulgar, mas sim de prazeres refletidos e avaliados de acordo com a razão.

Portanto, para esta linha de pensamento, para conduzirmo-nos na busca da felicidade, faz-se necessário o conhecimento da natureza das coisas, de si mesmo, de seu lugar na ordem geral das coisas, para poder, então, saber como dispor-se perante elas. Conforme Epicuro: "não se pode gozar dos prazeres puros sem a ciência da natureza" (Antologia..., 1985, p. 21).

2.2.2 *Ceticismo*

O **ceticismo** é uma corrente filosófica que prega que não se pode conhecer a verdade. Para o ceticismo, a razão humana não foi desenvolvida para conhecer a verdade em si. Tudo o que conhecemos são as ideias que temos das coisas. O filósofo conhecido como o primeiro cético foi Pirro de Élis. Esse filósofo afirmava que não podemos ter certezas. Podemos ter uma noção do pensamento de Pirro na citação a seguir:

aquele que quiser ser feliz deve considerar três pontos: em primeiro lugar, o que são as coisas em si mesmas? Depois, que disposições devemos ter em relação a elas? Finalmente, o que nos resultará dessas disposições? As coisas não têm diferença entre si e são igualmente incertas e indiscerníveis. Por isso, nossas sensações e nossos juízos não nos ensinam o verdadeiro nem o falso. Por conseguinte, não devemos nos fiar nos sentidos nem na razão, mas permanecer sem opinião, sem nos inclinarmos para um lado ou para o outro, impassíveis. Qualquer que seja a coisa de que se trata, diremos que não se deve mais afirmá-la do que negá-la, ou que se deve afirmá-la e negá-la ao mesmo tempo, ou que não se deve nem afirmá-la nem negá-la. Se estivermos dispostos a isso, alcançaremos primeiro a afasia, em seguida a ataraxia. (Aristocles, citado por Brochard, 1887, p. 68, tradução nossa)

Um ponto que se destaca ao analisarmos a citação é a questão: o que são as coisas em si mesmas? Esse questionamento leva Pirro a discernir que não há nada para saber acerca da natureza das coisas: não existem essências para serem descobertas ou que possam ajudar a definir o que é o Ser. Inclusive, não há um Ser.

Para a corrente cética, não existem possibilidades de se chegar a uma certeza ou a um juízo imparcial, pois o mundo e o ser humano têm uma natureza incerta. Portanto, tudo pode ser questionável e, nesse contexto, o filósofo prefere a omissão em opinar; simplesmente fica indiferente diante de determinado juízo.

Síntese

Ao estudarmos, nesse segundo capítulo, o pensamento clássico grego e o conceito de religião, deparamo-nos, em um primeiro momento, com o início da sistematização filosófica ou do conhecimento humano. Vimos que os primeiros pensadores foram denominados *pré-socráticos* e que os principais filósofos desse período da história foram Tales, Anaximandro e Anaxímenes, todos de Mileto, além de Heráclito de Éfeso, Parmênides de Eleia, Pitágoras de Samos e Demócrito de Abdera. Cada um deles definiu, em sua teoria, um princípio originário de todas as coisas.

Em seguida, estudamos Sócrates, Platão e Aristóteles, que, entre tantos outros, formaram uma escola de pensadores vivos, uma vez que as suas ideias e concepções acerca do mundo, de Deus, da sociedade, da educação e da política influenciaram praticamente a totalidade do pensamento humano e continuam a inspirar, impulsionar, formar e educar inúmeras gerações de homens e mulheres. Até Sócrates, os pensadores procuravam buscar explicações para as situações que aconteciam no mundo, fazendo a análise das forças e dos fenômenos da natureza. Esse eminente pensador buscou essas explicações dentro de si mesmo e revolucionou a maneira de pensar.

Já Platão, nascido em Atenas, não acreditava na casualidade ou em coisas únicas como princípio das coisas. Ele introduziu o conceito de *demiurgo*, uma espécie de deus-arquiteto que organizou a matéria que já existia no caos, mas de maneira amorfa, dando a ela uma ordenação. Vimos, também, que Aristóteles, considerado o pai do pensamento lógico, afirmava que as substâncias são móveis, corruptíveis e efêmeras, porém antecedidas por uma substância imóvel, incorruptível e eterna, chamada por ele de *primeiro motor*, que move sem ser movido.

Em seguida, estudamos a cultura helenística, com a abordagem de três correntes filosóficas preocupadas com a felicidade: o estoicismo, com suas características naturalistas; o epicurismo, que apregoava a procura da felicidade; e o ceticismo, que defendia a tese de que não se pode conhecer a verdade.

Indicações culturais

Documentário

A VIDA examinada. Direção e produção: John Allman. Estados Unidos: Intelecom, 1998. 29 min.

Nesse documentário, vemos o que é filosofia por meio de um de seus maiores filósofos, Sócrates, e do mito da caverna, escrito por Platão.

Atividades de autoavaliação

1. O nascimento da filosofia grega antiga se deu em uma relação de depuração com a mitologia, que era elementar na religiosidade dos gregos. Muitos autores afirmam que a filosofia nasceu de um rompimento com o pensamento mitológico grego, mas outros defendem uma passagem gradual do mito ao *logos*. O fato é que, já em sua gênese, o fenômeno religioso esteve presente, ainda que de forma especulativa, no pensamento dos filósofos antigos.

    Sobre essa questão, podemos afirmar que:
    I. Platão apresenta uma noção de demiurgo como inteligência ordenadora do universo.
    II. o demiurgo de Platão pode ser comparado ao Deus cristão, pois criou o mundo do nada.
    III. Sócrates dispunha de um *daimon*, uma voz interna que falava com ele, uma inteligência que o influenciava.

IV. Sócrates afirmava que os cidadãos não deveriam acreditar nos deuses da cidade.

V. Sócrates, no momento de sua morte, exclamou "Critão, devemos um galo a Asclépio. Não te esqueças de saldar essa dívida!".

Assinale a alternativa que contém as respostas corretas:

a) I, II e III.
b) II, III e IV.
c) II, IV e V.
d) I, IV e V.
e) I, III e V.

2. Percebemos, na filosofia grega, que ocorreu uma passagem da teogonia para a cosmogonia e, na sequência, para a cosmologia. A respeito do conceito de teogonia, considere as afirmativas a seguir:

I. Narrativa sobre a origem dos deuses, dos homens e das coisas.

II. Narrativa sobre o nascimento e a organização do mundo por meio de forças geradoras, ainda ligada aos mitos.

III. Estudo da origem do universo e do mundo por meio da natureza.

IV. Estudo do cosmos.

V. Percepção dos gregos sobre o surgimento das religiões.

Assinale a alternativa que contém a(s) afirmativa(s) correta(s):

a) I.
b) I e II.
c) V.
d) IV e V.
e) III.

3. Os filósofos pré-socráticos são conhecidos como filósofos da natureza. Para eles, a origem do mundo estava intimamente ligada a alguns elementos da natureza. Assim, assinale a alternativa que elenca os elementos associados a dois pensadores pré-socráticos: Tales de Mileto e Demócrito de Abdera.
   a) Ar e água.
   b) *Ápeiron* e fogo.
   c) Água e átomo.
   d) Números e o Uno.
   e) Movimento e átomo.

4. Estabelecer a causa primeira de todas as coisas foi o núcleo do pensamento dos primeiros filósofos. Cada um deles chegava a essa causa primeira por meio de uma reflexão lógica por ele estabelecida. Como vimos no presente capítulo, um importante filósofo estabeleceu que o princípio do primeiro motor, que move sem ser movido, é o responsável pelo princípio do movimento, é ao mesmo tempo causa e finalidade. Ele é o causador do início do movimento dos astros e das efemérides celestes. A quem é atribuído esse conceito?
   a) Platão.
   b) Sócrates.
   c) Agostinho.
   d) Tomás de Aquino.
   e) Aristóteles.

5. O pensamento de certa corrente filosófica se baseia no entendimento da condição trágica do ser humano, cujo destino é ligado à dor, ao sofrimento e, finalmente, à morte, situações irremediáveis.

Porém, cabe ao ser humano agir com racionalidade e fazer o melhor de si, realizando, assim, todo o bem possível. Essa tese era atribuída a que corrente filosófica?

a) Helenismo.
b) Socratismo.
c) Ceticismo.
d) Estoicismo.
e) Platonismo.

Atividades de aprendizagem

Questões para reflexão

1. Em que consistia a maiêutica socrática?

2. O epicurismo é uma corrente filosófica grega fundada por Epicuro. Ela diverge da corrente estoica na maneira de compreender a vida. Descreva o epicurismo.

3. Defina o que foi a corrente filosófica denominada *ceticismo*.

Atividade aplicada: prática

Forme um grupo de estudo e pesquise mais profundamente sobre a maiêutica, o método criado por Sócrates para se chegar ao conhecimento. Após a pesquisa, converse com o grupo sobre o aspecto central do método e defina em que situações é possível a sua utilização.

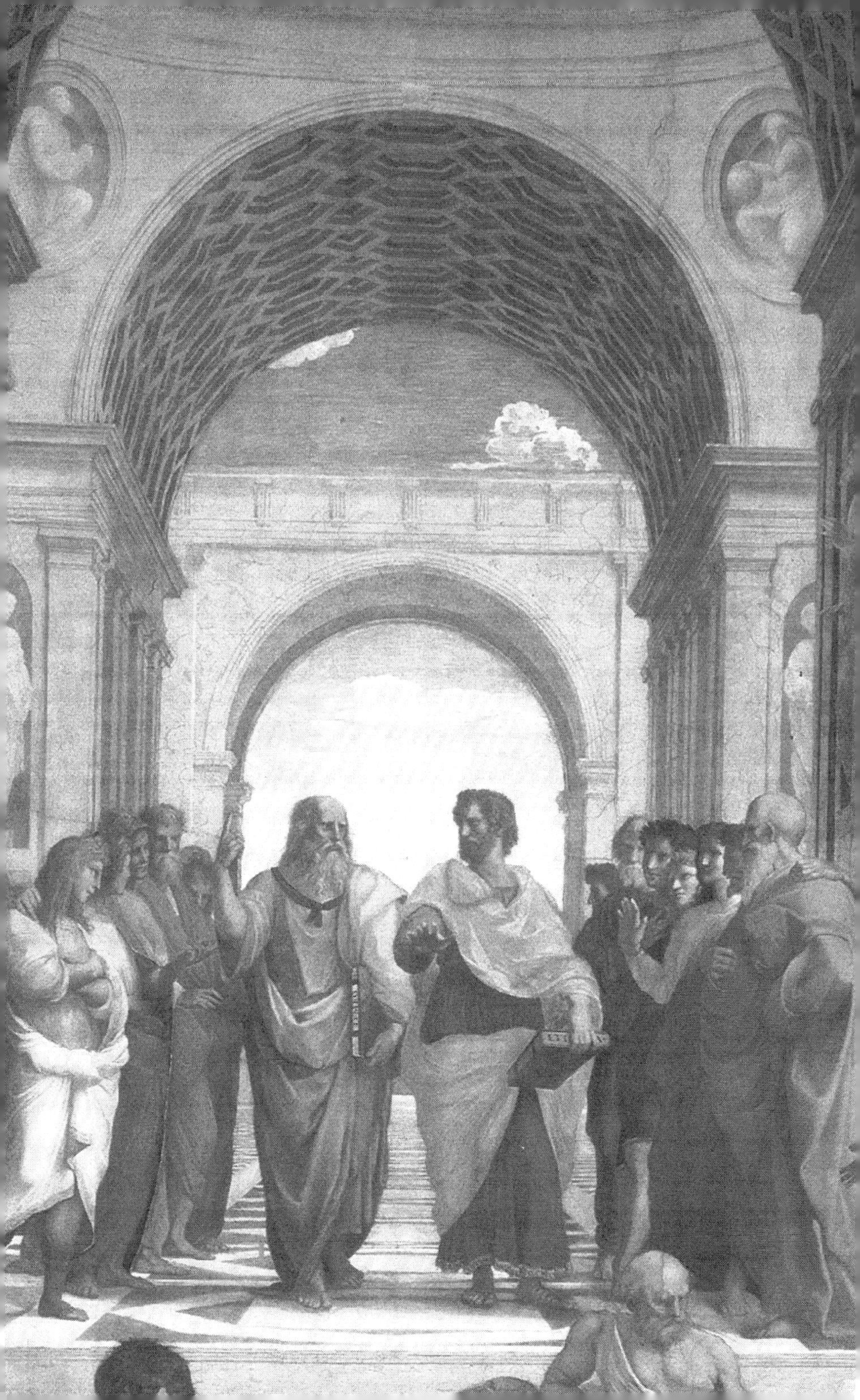

3

A patrística e a escolástica

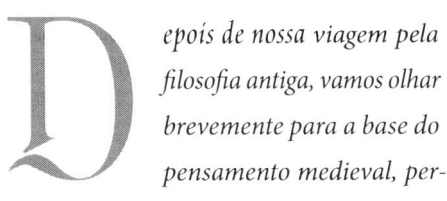

Depois de nossa viagem pela filosofia antiga, vamos olhar brevemente para a base do pensamento medieval, perpassando a patrística e a escolástica, pelo prisma da filosofia da religião. São mais de dez séculos de lutas, descobertas, cultura, reflexão e ensaios em busca de Deus, do saber e da verdade. A heterogeneidade das ideias dessa época nos proporciona uma ampla gama de conhecimentos e discernimento para aprofundarmos nossa temática.

Durante a Idade Média, a filosofia da religião apresentou características bem distintas da linha de pensamento na qual se baseia, a filosofia clássica grega. Nesse período da história do pensamento humano, a filosofia da religião se confundiu, de certa forma, com a própria filosofia medieval, visto que foi nos monastérios que ela floresceu e subsistiu como uma parte da teologia que se desenvolveu nessa época.

Duas grandes escolas filosóficas despertaram na Idade Média: a patrística e a escolástica. E os dois grandes nomes da filosofia da religião na Idade Média são Agostinho de Hipona e Tomás de Aquino. A prevalência dos preceitos religiosos e da fé cristã, sem uma abertura a outras correntes, rendeu a esse período o cognome *Idade das Trevas*.

> **SAIBA MAIS**
>
> **Idade das Trevas**: Expressão empregada por alguns historiadores para designar a Idade Média, em virtude da obscuridade dos relatos e registros históricos desse período e, principalmente, por compará-lo ao chamado período áureo grego, em que floresceram a arte e a filosofia helenísticas. Também se atribui esse nome por conta da queima de obras de filósofos, da inquisição, da guerra santa e do controle exercido pela Igreja sobre a cultura, estabelecendo a fé como caminho único a ser seguido, sem possibilidades de outras especulações filosóficas ou teológicas.

Denominamos *patrística* a doutrina dos autores da Antiguidade, ou seja, a ciência dos chamados Padres da Igreja. Segundo o pesquisador Santidrián (1998, p. 437), essa terminologia

> *estende-se tanto aos escritores ortodoxos como heterodoxos, embora se ocupe com preferência dos que representam a doutrina eclesiástica tradicional, isto é, dos chamados padres e doutores da Igreja. A patrística inclui no Ocidente todos os autores*

cristãos até São [...] Gregório Magno (604); no Oriente chega geralmente até São [...] João Damasceno (749).

Essa corrente de pensamento exerceu um influente papel tanto na filosofia quanto na teologia e continua influenciando até os dias de hoje. Segundo Santidrián (1998), são considerados, hoje, Padres da Igreja aqueles pensadores que reúnem quatro características essenciais: a ortodoxia de doutrina, a santidade de vida, a aprovação eclesiástica e a antiguidade. Os demais escritores ou pensadores são denominados escritores eclesiásticos e não se enquadram nesse grupo específico, não obstante a importância e a influência de suas obras. Entre os muitos pensadores da patrística, destacamos Clemente Romano, Inácio de Antioquia, Policarpo de Esmirna, Justino, Irineu de Lyon, Orígenes de Alexandria, Agostinho de Hipona e Gregório de Nazianzo.

> **SAIBA MAIS**
>
> **Ortodoxia:** "(do lat. *tardio orthodoxus*, do gr. *orthodoxos*) Conformidade ou obediência de um ensinamento, de uma concepção ou de uma prática a uma doutrina religiosa oficial, à doutrina de uma escola de pensamento ou à doutrina de um partido político" (Japiassú; Marcondes, 2008, p. 209).

A **escolástica**, por sua vez, é o conjunto de doutrinas e sistemas filosóficos e teológicos que emergiu durante a Idade Média e teve como preocupação estabelecer o nexo entre a fé e a razão. Podemos dividir esse período, que vai do começo do século IX até o fim do século XVI, em três fases: período primitivo (séculos IX-XII), influenciado pelo agostinianismo e pelo pensamento aristotélico; apogeu (século XII), com a obra de Tomás de Aquino, seu principal expoente; e decadência (séculos XIV-XV), devido aos abusos da dialética formal.

SAIBA MAIS **Dialética**: "Em Aristóteles a dialética é a dedução feita a partir de premissas apenas prováveis. Ele opõe ao silogismo científico, fundado em premissas consideradas verdadeiras e concluindo necessariamente pela 'força da forma', o silogismo dialético que possui a mesma estrutura de necessidade, mas tendo apenas premissas prováveis, concluindo apenas de modo provável" (Japiassú; Marcondes, 2008, p. 73).

Esse período do pensamento cristão se designa com o nome de *escolástica*, porquanto era a filosofia ensinada nas escolas da época por mestres denominados *escolásticos*. As matérias ensinadas nas escolas medievais eram representadas pelas chamadas artes liberais, divididas em: trívio – gramática, retórica e dialética – e quadrívio – aritmética, geometria, astronomia e música. A escolástica surgiu, historicamente, do desenvolvimento da dialética. Além de Tomás de Aquino, destacam-se, nessa época, Anselmo de Cantuária, Duns Scotto, Pedro Abelardo, entre outros.

SAIBA MAIS **Trívio e quadrívio**: (lat. *trivium*: três vias; *quadrivium*: quatro vias) O *trivium* e o *quadrivium*, que juntos formam as **sete artes liberais**, constituem a base do currículo dos cursos introdutórios (*studium generale*) das faculdades de artes (principalmente filosofia) nas universidades medievais" (Japiassú; Marcondes, 2008, p. 271, grifo do original).

3.1
Agostinho de Hipona

Aurélio Agostinho, mais conhecido como Santo Agostinho de Hipona (354-430), foi um dos principais pensadores do início do cristianismo, da época conhecida por patrística. Natural de Tagaste, cidade do Império

Romano na África, onde hoje se localiza a Argélia, se converteu ao cristianismo em 387. Agostinho foi um grande filósofo e iniciou sua carreira no estudo e ensino da gramática e da retórica. Da gramática, Agostinho passou para a investigação filosófica, ingressando na seita dos **maniqueístas**, corrente que defendia a existência de dois princípios ativos, o bem e o mal. Ele superou esse dualismo quando aceitou o pensamento de Plotino, que defendia a tese de que o mal é a ausência de bem. Assim, por não ser algo de bom e positivo, não podia ser atribuído a Deus.

André Müller

A busca pela verdade foi o que impulsionou a caminhada de Agostinho. Em Cartago, passou dez anos de sua vida ensinando retórica. Sem medidas, ele buscou a verdade e a felicidade na filosofia e também nas amizades, desfrutando dos prazeres do mundo até a sua conversão. Passado algum tempo, Agostinho sediou-se na cidade de Milão, onde entrou em contato com outro grande filósofo e teólogo, Ambrósio, o bispo da cidade. As palavras e os exemplos desse homem contagiaram e transformaram a vida do inquieto filósofo. Foi a partir dessa experiência de fé que Agostinho sofreu uma profunda conversão.

Agostinho compreende o homem em um **contexto social**, sempre vinculado com a sociedade em que está inserido. O conceito antropológico desse pensador está enraizado na fé e no relacionamento com o semelhante. Para ele, a convivência em sociedade faz com que o homem cresça e possa evoluir, tornando-se mais humano. Em sua importante obra *A cidade de Deus*, Agostinho aponta, nas imagens da *cidade celeste* e da *cidade terrestre,* dois caminhos: viver segundo o espírito ou viver segundo a carne – a busca do homem pela verdade e pela felicidade absolutas e as amarras que o prendem a uma vida centrada nos interesses pessoais e do mundo, respectivamente. Diante dessas opções, faz-se necessário tomar uma decisão.

Em *A cidade de Deus*, o célebre expoente da patrística compara o Império Romano e os seus administradores à cidade terrestre, que carecia de valores e estava apegada em demasia ao poder, à avareza, à cobiça e à idolatria. Tais vícios foram a causa de sua ruína. Os membros da cidade celeste, por sua vez, são todos os indivíduos ou dirigentes que buscam a Deus, praticam o bem comum, a justiça e o amor e promovem a paz, a justiça e a verdade.

Agostinho foi autor de mais de 200 livros e numerosíssimas cartas, sermões e outras obras que versavam sobre assuntos que perpassavam a filosofia, a teologia e muitas outras áreas do saber. O foco de sua produção literária era a busca incessante pela verdade e pelas respostas para as indagações fundamentais sobre a existência humana e a essência divina. Centrado sempre na especulação filosófica, encontrava as respostas na razão humana e no mais profundo de seu ser. O escritor Santidrián (1998, p. 16), citando a obra *Solilóquios I*, diz que, para Agostinho, "filosofar é captar a verdade no interior, isto é, alcançar o conhecimento da alma e de Deus. Esse é todo o objeto da filosofia: o homem (eu, tu) e Deus".

Agostinho se utilizou da razão como metodologia para atingir a verdade e combater as heresias de seu tempo – entre elas, o próprio maniqueísmo, do qual foi seguidor –, e também como um caminho para provar a existência de Deus. Como atesta Santidrián (1998, p. 16), "se existe algo superior à razão, necessariamente será algo que transcende o homem e a razão. Mas isto não apenas supera o homem, senão que, ao ultrapassá-lo, supera também qualquer outra coisa; por isso, o que está além não pode ser mais do que Deus."

Como constatamos, a produção filosófica de Agostinho de Hipona é um excelente campo para o aprofundamento e a compreensão da filosofia da religião, embora esta só aparecesse com esse nome quase 15 séculos após a morte desse pensador. Para Agostinho, a fé e a razão estão em sintonia e se complementam (Santidrián, 1998). E a razão é uma das vias para se chegar à essência da verdade, provar a existência de Deus e intuir seus principais atributos – onipotência, onisciência, entre outros.

3.2
Tomás de Aquino e o tomismo lógico

Ao adentrarmos no período escolástico, que coincide com a Baixa Idade Média, deparamo-nos com Tomás de Aquino (1224-1274), seu principal luminar. Esse pensador nasceu em uma nobre família de Nápoles, a dos condes de Aquino, que tinha para o jovem grandes projetos. Contudo, contrariando sua família, fez-se religioso da Ordem dos Dominicanos.

Tomás de Aquino, discípulo de Alberto Magno, é conhecido por seu brilhante pensamento e seu vastíssimo legado. Exerceu uma forte influência sobre os pensadores que se seguiram e sobre a própria Igreja. Em sua breve vida (morreu aos 53 anos de idade), demonstrou sua genialidade deixando uma quantidade de obras de valor indescritível, entre elas a *Suma Teológica*, obra-prima envolvendo a filosofia e a teologia, que comporta argumentos racionais e lógicos para demonstrar a fé e atestar a existência de Deus.

Dotado de capacidade intelectual analítica e sintética extraordinária e de hábil raciocínio, Tomás analisou os autores que o antecederam (tanto não cristãos quanto cristãos), resumiu os pensamentos de cada um e se serviu deles para o propósito de suas reflexões, tendo sido Aristóteles seu autor preferido. Um dos aspectos fundamentais presentes em sua obra – e também comum naquele período – é a relação entre a fé e a razão. Para o pensador, há uma harmonia entre ambas, pois partem do mesmo princípio divino.

O fundamento da filosofia tomista é a busca pela **razão principal das coisas**. Tomás partia do raciocínio lógico e dedutivo: a observação das coisas básicas que existem e são facilmente percebidas pelos sentidos humanos, seguida da conceituação e análise pela inteligência, até chegar à razão última dessas coisas. Partindo das percepções primitivas, o filósofo e teólogo escolástico chegou à ideia do princípio de tudo, ou seja, à certeza do Criador Supremo.

Tomás de Aquino estabeleceu um caminho ao qual chamou de **via para se chegar ao absoluto**. Na *Suma Teológica*, encontramos as **cinco vias** para provar a existência de Deus. Partindo de argumentos lógicos – ou seja, o movimento, a causa, a contingência, os graus de perfeição e a finalidade –, é possível atestar a existência de Deus. Vejamos como Reale e Antiseri (2005d, p. 222) nos apresentam esse caminho racional para se provar a existência de Deus:

- A primeira via é a do **movimento**. Parte da consideração de que tudo o que se move é movido por outro e que, portanto, para não terminar em um regresso ao infinito que nada explicaria, é preciso admitir um *primum movens, um primeiro movente*, que não é movido por nada: Deus.
- A segunda via é a da **causa**. A partir da constatação de que nenhuma coisa pode ser causa de si mesma, deduz o fato de que deve existir uma causa primeira e não causada, que produz e não é produzida, que se identifica com o ser que se chama *Deus*.

- A terceira via é a da **contingência**. Ela parte do princípio de que o que pode não ser, em um tempo, não existia. Se, portanto, todas as coisas podem não ser (são contingentes), em dado momento nada existia na realidade. Porém, se isso for verdade, também agora não existiria nada (porque o que não existe não começa a existir a não ser por causa daquilo que já existe), a menos que não exista alguma coisa de necessariamente existente. Concluindo: nem tudo pode ser contingente, mas é preciso que haja algo necessário, e é aquilo que costumeiramente se chama *Deus*.
- A quarta via é a dos graus de **perfeição**. Esse caminho parte da constatação empírica de uma gradação de perfeições (bem, verdade...), a existência de uma suma perfeição, que é justamente chamada de *Deus*.
- A quinta via é a do **finalismo**. Ela parte da constatação de que os corpos físicos operam para um fim e deduz que eles agem de tal modo porque são dirigidos por um ser inteligente, como a flecha do arqueiro. Ora, esse ordenador supremo é aquele que chamamos *Deus*.

Ontologicamente falando, para Tomás de Aquino, Deus é o primeiro e o fundamento de todas as coisas e seu conhecimento pode ser alcançado, segundo ele,

a posteriori, isto é, partindo dos efeitos e do mundo [...]. O ponto de partida de cada via, de quando em vez, é constituído por elementos extraídos da cosmologia aristotélica que Tomás utiliza, confiante em sua eficácia persuasiva, num momento em que o aristotelismo era a filosofia hegemônica. (Reale; Antiseri, 2005d, p. 222-223)

O brilhantismo desse autor atesta, outra vez, a filosofia como uma ferramenta de argumentação para se chegar à essência da religião.

> **SAIBA MAIS**
>
> **Ontologia**: "Ciência que deve permitir responder à pergunta: O que significa o fato de existir (de estar aqui) e, ao mesmo tempo, ser deste ou daquele modo?" (La Brosse; Henri; Rouillard, [S.d.], p. 545)

3.3
Duns Scotto e Guilherme de Ockham

Vamos, a seguir, conhecer o pensamento de dois frades franciscanos que vivenciaram o final do período da escolástica e que contrariaram a maneira de pensar de Tomás de Aquino sobre a complementariedade entre a fé e a razão. Sem dúvida, no final da Idade Média, foram lançadas as bases de uma nova reflexão que trouxe sérias consequências para o diálogo entre a fé e a razão e o futuro religioso da Europa.

O primeiro deles é **Duns Scotto***, frade franciscano escocês nascido em 1266 e morto em 1308, em Colônia, na Alemanha. Scotto estudou em Oxford, onde sofreu a influência da corrente agostiniana, e depois em Paris; posteriormente, retornou a Oxford para lecionar Teologia. Esse autor muda totalmente o foco da temática e da argumentação tomista. Enquanto Tomás defendia a complementariedade entre a filosofia e a teologia, Scotto defendia que as metodologias de compreensão das duas áreas eram diversas.

---

* A grafia de seu nome aparece de diferentes maneiras, conforme os autores pesquisados: Scotto, Scoto, Scotus, Scot.

Para compreendermos a argumentação de Scotto sobre a relação entre fé e razão e os pontos de divergência entre ele e Tomás de Aquino, nos munimos do pensamento de Santidrián (1998, p. 185), que afirma:

> O ponto de partida básico, que o separa de Santo Tomás é: a) O contraste entre a verdade racional da metafísica – própria da razão humana e válida, portanto, para todos os homens – e a verdade da fé à qual a razão pode somente se submeter e que tem uma certeza bem sólida para os católicos. b) A fé não tem nada a ver com a ciência. A fé pertence ao domínio prático. "A fé não é um hábito especulativo, nem o crer é um ato especulativo, nem a visão que segue ao crer é uma visão especulativa, mas prática" (Opus Ox., pról. c. 3).

Outro aspecto que devemos levar em consideração ao estudarmos Scotto, também chamado de "o Doutor Subtil" por Kenny (1998) e por inúmeros outros autores, é o fato de ele expandir o conceito de metafísica de Aristóteles. O filósofo grego a definira como a

> ciência que estuda o Ser, enquanto ser. Escoto utiliza muito esta definição, alargando incomensuravelmente o seu alcance ao incluir no Ser o Deus cristão infinito. De acordo com Escoto, SER é, em relação a qualquer coisa, ter um predicado, positivo ou negativo, que lhe possamos aplicar. Qualquer coisa, seja ela substância ou acidente, pertencente a qualquer das categorias de Aristóteles, tem ser e faz parte do Ser. Mas o Ser é muito mais do que isso, porque tudo aquilo que pertence às categorias de Aristóteles é finito, e o Ser contém o infinito. (Kenny, 1998, p. 221-222, grifo do original)

Scotto admite que é possível comprovar a existência de Deus por meio de demonstrações, chamadas de *vias* por Tomás de Aquino. Porém, segundo Ferrater Mora (1964), não se pode chegar, por meio da razão, à comprovação de muitos dos atributos divinos, pois eles superam o âmbito da razão, se encontram na esfera da fé; portanto, devem ser cridos e não compreendidos racionalmente. Para o filósofo e teólogo franciscano, certos atributos inerentes à divindade só serão compreendidos, portanto, pelos crentes, pois **a fé é a condição para a aceitação desses atributos**. O conhecimento racional, portanto, não levará um descrente a tal comprovação.

O segundo grande pensador que marcou o final do período da escolástica é **Guilherme de Ockham**, nascido na Inglaterra em 1280 (ou, segundo outras fontes, 1288) e morto em Munique, Alemanha, em 1347 (ou 1349). Como Scotto, Ockham era frade franciscano, filósofo e teólogo; passou por Oxford e comungou com o pensamento de seu confrade escocês. Levou à radicalidade a separação entre a fé e a razão e, portanto, para ele, filosofia e teologia trilham caminhos completamente diferentes. A primeira é guiada pela razão, e a segunda, pela revelação e pela fé. Foi um grande crítico da filosofia platônica, aristotélica e tomista, contestando-as veementemente, e está vinculado a um preceito conhecido como "a navalha de Ockham", que defende a simplificação do ser. Segundo Kenny (1998, p. 229), Guilherme de Ockham "admite no seu sistema uma variedade muito menos abrangente de seres criados, reduzindo as 10 categorias aristotélicas a duas, a saber: as substâncias e as qualidades".

> **SAIBA MAIS** **Navalha de Ockham**: "Com esta metáfora Ockham quer exprimir um princípio antiplatônico, segundo o qual não é necessário multiplicar os entes e construir um mundo ideal de essências: de fato, não é preciso ir além dos indivíduos". Segundo a sua, proposição "os entes não se devem multiplicar se não for necessário. Sob a lâmina dessa navalha caem inumeráveis

princípios da metafísica clássica e escolástica: o de substância, de causa eficiente, de intelecto possível" (Reale; Antiseri, 2005d, p. 295, 302).

Segundo Santidrián (1998), podemos dividir o pensamento e os escritos de Ockham em três fases: a primeira foi filosófica e teológica; a segunda foi marcada pelo aparecimento da polêmica sobre a ordem franciscana em relação à pobreza de Cristo – recordemos que esse é o período inicial do franciscanismo, que defendia a radicalidade do seguimento de Cristo na pobreza; e a terceira fase foi marcada pela polêmica política, na qual Guilherme manifestou seu apoio a Luís da Baviera.

Ockham, com os seus escritos, deu "navalhadas" para todos os lados, cortando e derrubando muitos dos princípios tidos como intocáveis – ele foi, por exemplo, o primeiro a reivindicar o direito de livre expressão. Segundo Santidrián (1996), toda a fecundidade literária e todo o enfrentamento que Ockham provocou em inúmeras frentes estão retratados na obra *Dialogus*, em que afirma a "Aspiração à liberdade da pesquisa filosófica e da vida religiosa. As asserções não devem ser – diz – ordenadas ou colocadas em censura por ninguém solenemente, porque nelas cada um deve ser livre para expressar livremente o que lhe parecer" (Ockham, I, tract. II, p. 22, citado por Santidrián, 1996, p. 427).

Embora a novidade e a curiosidade que o pensamento de Ockham possam nos despertar, haja vista sua ousadia em refletir sobre temas antes inquestionáveis, neste estudo da filosofia da religião, vamos nos ater apenas a um desses temas: **a independência entre a fé e a razão**. Para Ockham (citado por Reale; Antiseri, 2005d, p. 299), as verdades da fé não podem ser demonstradas nem provadas: "Os artigos de fé não são princípios de demonstração nem conclusões, e nem mesmo prováveis, já que parecem falsos para todos, ou para a maioria ou para os sábios, entendendo por sábios os que se entregam à razão natural, já que só de tal modo se entende o sábio na ciência e na filosofia".

Guilherme de Ockham sustenta a independência entre a filosofia e a teologia afirmando que "o âmbito das verdades reveladas é radicalmente subtraído ao reino do conhecimento racional. A filosofia não é serva da teologia, que não é mais considerada ciência, mas sim um complexo de proposições mantidas em vinculação não pela coerência racional, mas sim pela força de coesão da fé" (Reale; Antiseri, 2005d, p. 299).

Para Guilherme de Ockham, o ser humano, na condição de indivíduo, e o mundo são frutos da bondade divina e de sua onipotência ilimitada. Portanto, para ele, "não há nenhuma vinculação entre Deus onipotente e a multiplicidade dos indivíduos finitos, singularmente, além do laço que brota de puro ato de vontade criadora da parte de Deus e, portanto, não tematizável por nós, mas conhecido apenas por sua sabedoria infinita" (Reale; Antiseri, 2005d, p. 299).

Outro aspecto importante do pensamento de Ockham é a questão da **primazia do individual sobre o universal**. Ele "rejeitou liminarmente a ideia de uma natureza comum existente nos diversos indivíduos a que damos um nome comum. Não há universais fora da mente; tudo aquilo que há no mundo é singular" (Kenny, 1998, p. 229).

Vale a pena, aqui, recordar que são chamados de *universais* os conceitos genéricos, ideias e entidades abstratas, como *homem, mulher, carro, branca* (a cor). Os universais se contrapõem aos individuais, ou entidades concretas, como João, homem concreto. A questão central é definir o *status* ontológico, ou seja, a sua forma peculiar de existência. Parece simples, porém essa questão envolve várias áreas do conhecimento, como a filosofia, a lógica, a física e, até mesmo, a teologia, e tem inúmeros desdobramentos, inclusive políticos. Reale e Antiseri (2005d, p. 295) sintetizam, dessa maneira, a primazia do individual sobre o universal:

A realidade inteira é individual, razão pela qual o universal não é real: ele é um termo de alcance apenas lógico. Se toda realidade é singular, segue-se que os conhecimentos são singulares e os universais não são mais que sinais abreviativos para indicar a repetição de múltiplos conhecimentos semelhantes, produzidos por objetos semelhantes. Esta é uma forma particular de nominalismo.

> **SAIBA MAIS**
>
> **Nominalismo:** Surgiu na Idade Média em meio à disputa dos universais. Segundo Ferrater Mora (1964), as espécies, os gêneros e, em geral, os universais não são realidades anteriores às coisas, segundo sustenta o realismo (platonismo), nem realidade nas coisas, segundo o conceptualismo e o realismo moderado (aristetolismo), senão que são somente nomes ou termos, vocábulos, por meio dos quais se denominam conjuntos de indivíduos. No nominalismo, portanto, somente existem entidades individuais; os universais não são entidades existentes, senão, unicamente termos de linguagem.

Considerando a asserção de Ockham da primazia do individual sobre o coletivo, isto é, sobre o universal, veremos o questionamento do significado dos conceitos de poder e de autoridade, tão presentes na Idade Média, representados nas figuras teocráticas do papa e do rei. Segundo Reale e Antiseri (2005d, p. 296), "a convicção da superioridade do indivíduo sobre o universal levou Ockham a redimensionar em âmbito político o poder temporal do Pontífice e a demitizar o caráter sagrado do Império". Consequência da coerência de seu pensamento, a autoridade política e a autoridade espiritual deveriam ser repensadas. Segundo Reale e Antiseri (2005d, p. 304),

> A defesa intransigente do "indivíduo" como única realidade concreta, a tendência de basear o valor do conhecimento na experiência direta e imediata, bem como a separação

programática entre a experiência religiosa e o saber racional e, portanto, entre fé e razão, não podiam deixar de conduzi-lo a defesa da autonomia do poder civil em relação ao poder espiritual e, portanto, à exigência de profunda transformação da estrutura e do espírito da Igreja.

A razão filosófica e as especulações acerca de conceitos, bem como a relação entre o humano e o transcendente, provocaram, no final do período escolástico e da Idade Média, profunda mudança no comportamento religioso da Europa, ocasionando uma verdadeira revolução religiosa que deu origem ao processo da Reforma. Valendo-se da prerrogativa da liberdade de expressão e de sua reflexão, Ockham propõe limitar o poder do Romano Pontífice, dizendo que "também o poder espiritual do Pontífice deveria ser delimitado, porque a verdade não é sancionada nem pelo Papa, nem pelo Concílio, mas pela lgreja como comunidade livre dos fiéis, no decorrer de sua tradição histórica; esta doutrina antecipa os temas inspiradores da Reforma" (Reale; Antiseri, 2005d, p. 296).

Em nossa análise, podemos afirmar que o legado deixado por Guilherme de Ockham foi decisivo e iluminou uma série de pensadores que o sucederam. Seu pensamento deu passagem para que outros pudessem ousar pensar, abrindo o caminho para os fundamentos da Reforma Protestante, que surgiram em tempos e espaços distintos na Europa.

3.4
Outros pensadores

Caro leitor, para finalizar este capítulo, citaremos brevemente alguns pensadores que marcaram o final do período medieval, mas que tiveram papel preponderante na história da religião universal, entre eles, Egídio

Romano (1247-1302); João de Paris (1269-1306); Marsílio Maierardini ou de Pádua [ca. 1275-1342]; Mestre Eckhart (1260-1327); João Wyclif (1320-1384) e João Huss (1369-1415). Em consequência da reflexão principalmente desses pensadores, a religião dominante sofreu um duro golpe, originando o processo da Reforma Religiosa.

Como vimos anteriormente, Ockham defendeu a independência entre Igreja e Império e combateu o primado absoluto desses poderes. Era um crítico da chamada *plenitudo potestatis*, que dava ao papa plenos poderes, inclusive políticos. Para ele, a infalibilidade pertence à Igreja, que é o conjunto de todos os seus fiéis, e não ao papa ou aos concílios.

Nesse contexto, surgem os chamados *curiais*, isto é, defensores do poder do papa, e outros contrários a essa prorrogativa, entre eles Egídio Romano e João de Paris.

Egídio Romano e João de Paris

O foco da questão defendida por esses dois pensadores era o poder. A quem pertencia o primado do poder: ao Império ou à Igreja? **Egídio Romano**, arcebispo de Burges, foi um dos grandes defensores do poder papal. Para ele, "tanto a autoridade política como qualquer poder derivam da Igreja ou através da Igreja. E a Igreja se identifica com o papa" (Reale; Antiseri, 2005d, p. 322).

Reale e Antiseri (2005d, p. 322, grifo nosso) afirmam que o principal pensador que se opôs ao argumento de Egídio Romano foi "**João de Paris**, que, no 'De potestate regia et papali', afirmou o direito dos indivíduos à propriedade, negou que o papa pudesse se arrogar a 'plenitudo potestatis' e lhe atribuiu unicamente a função de administrador dos bens da Igreja".

Marsílio de Pádua

No contexto do final da Idade Média, Marsílio de Pádua acentuou a clara distinção entre fé e razão e teve um papel preponderante na consolidação desses ideais filosóficos. Segundo Reale e Antiseri (2005d, p. 322), esse filósofo marca o encerramento desse período e o início da Idade Moderna, pois suas teorias políticas e jurídicas "colocam-se fora do âmbito em que se desenvolvera a polêmica dos medievais: com efeito, Marsílio elabora sua doutrina sem levar em conta o direito natural divino que, de um ou de outro modo, constituíra um dos pilares do pensamento medieval".

Sua principal obra foi *Defensor pacis*, em que destaca o Estado como uma comunidade perfeita,

uma comunidade natural autossuficiente, que se ergue com base na razão e na experiência dos homens, servindo-lhes para "viver – e viver bem". O Estado de que fala Marsílio não é mais o Império universal, mas sim o Estado nacional, a comuna ou o magistrado, isto é, o Estado de sua época. E, para ele, esse Estado é construção humana, que responde a finalidades humanas, não havendo vínculos de natureza teológica. (Reale; Antiseri, 2005d, p. 322)

Portanto, assim como a fé e a razão são distintas, também Igreja e Estado são distintos. Por conseguinte, continua Marsílio (citado por Reale; Antiseri, 2005d, p. 322), "quando se trata de questões humanas e terrenas, a Igreja é quem deve se submeter ao Estado".

Algo novo que aparece no discurso de Marsílio é a admissão de que existe a lei religiosa, presente em diferentes formas de crer. Essa lei, porém, não tem nada a ver com o Estado. A lei religiosa tem por finalidade a glória ou a pena na outra vida, essa "é a lei Mosaica, Evangélica e a de Maomé ou a dos próprios persas" (Reale; Antiseri, 2005d, p. 322).

Mestre Eckhart

Johaan Eckhart foi um frade dominicano nascido na Alemanha. **Mestre Eckhart**, como ficou conhecido, se dedicou à pregação, carisma de sua ordem dominicana, a lecionar na universidade e ao cargo diretivo da ordem, em que desempenhou a coordenação de muitas comunidades. Segundo Santidrián (1996, p. 189), Eckhart foi "um dos forjadores, senão o primeiro, do idioma alemão como linguagem filosófica e teológica".

Como uma resposta às teorias de Duns Scotto e Guilherme de Ockham surge a

corrente constituída pelo misticismo especulativo alemão, que teve em Eckhart o seu expoente príncipal. Misticismo porque insiste no fato de que Deus está além de toda a nossa possibilidade conceitual e porque sustenta que o homem, afastado de Deus, não é nada. Especulativo pelo fato de que está entremeado de filosofia. (Reale; Antiseri, 2005d, p. 327)

Mestre Eckhart buscou com sua obra a justificação para a fé, que acabou ficando sem o suporte da razão, como vimos nos autores anteriores. Ele apelou para a corrente mística, tentando mostrar a **unidade entre o criador e a criatura**, isto é, entre Deus e o homem, afirmando que

Sem Deus, o homem e o mundo natural não teriam nenhum sentido e nada seriam [...] Deus, portanto, está em todas as criaturas: sem Deus, elas são nada. Mas o Deus "que está em todas as criaturas é o mesmo que está acima delas, pois aquilo que é uno em muitas coisas deve estar necessariamente acima das coisas". (Reale; Antiseri, 2005d, p. 327)

Para Mestre Eckhart, tudo o que existe tem sua origem em Deus, que ama necessariamente. Levando em consideração que o homem sem Deus é nada, ele deve se esforçar para retornar ao seio de Deus. E nós "captamos Deus na alma, que possui uma gota da razão, uma centelha, um germe. Novamente, é a razão que deve ser capturada por Deus e se aprofundar nele" (Reale; Antiseri, 2005, p. 328).

João Wyclif e João Huss

As ideias de Guilherme de Ockham e de Marsílio de Pádua sobre a oposição entre os poderes do rei e do papa e sobre a total independência entre eles vieram ao encontro dos interesses de vários soberanos de regiões europeias que almejavam constituir igrejas nacionais, sem nenhuma ligação com o papado romano. De acordo com Reale e Antiseri (2005d), estava aberto o caminho para a Reforma. O inglês João Wyclif e o boêmio João Huss desempenharam importante papel nesse processo.

João Wyclif estudou em Oxford, onde sofreu influências de Scotto e Ockham, mas sobretudo de Thomas Bradwardine (1290-1349), que defendia a ideia de que Deus é o princípio de tudo e a suprema causa de todo acontecimento e, portanto, causa determinante dos atos humanos voluntários. Mais tarde, passou também a lecionar teologia em Oxford, onde disseminou as ideias do **determinismo teológico**. Segundo Reale e Antiseri (2005d, p. 325), Wyclif entendia que a vontade divina realiza e exerce um total domínio sobre as ações humanas, portanto, "opôs a autoridade do papa e do clero à autoridade da Bíblia; negou a presença real de Cristo na Eucaristia; negou a eficácia dos sacramentos; rejeitou os ritos, em favor da interioridade do ato de fé pessoal".

Em consequência de sua concepção sobre o determinismo teológico, Wyclif deu uma nova interpretação ao conceito religioso, dizendo que a "verdadeira igreja é a comunidade dos justos, que é a única soberana dos bens temporais coletivos" (Reale; Antiseri, 2005d, p. 325), e se opõe à igreja hierárquica, que, segundo sua concepção, só serve para atrapalhar a caminhada de fé dos fiéis. O teólogo disseminou suas ideias reformistas entre o povo e procurou aproximá-lo de uma leitura direta da Bíblia, sem a intermediação da hierarquia eclesiástica.

A região da Boêmia já vinha reivindicando sua autonomia político-religiosa, e foi nesse contexto que floresceram as ideias religiosas e políticas de **João Huss**, influenciado igualmente por Wyclif. Tais ideias caíram como uma luva aos intelectuais e políticos da região. De acordo com Reale e Antiseri (2005d), Huss defendia a ideia da Igreja invisível dos eleitos e da paridade entre o clero e os fiéis leigos; criticou o luxo da Igreja e as injustiças sociais; e defendeu a urgência da pregação na língua nacional da Boêmia.

Reale e Antiseri (2005d, p. 325) relatam que

João Huss, em uma pregação feita diante da universidade em 1410, sustentou que a verdadeira Igreja santa e católica era o corpo místico dos crentes unidos a Cristo e não àquela instituição visível, hierarquizada e corrupta, que deveria ser submetida ao contínuo juízo da lei de Deus. Wyclif e Huss delinearam doutrinas que a Reforma levará à expressão mais madura e consequente.

Com o pensamento de João Wyclif e de João Huss, inspirados nas ideias de Ockham e Marsílio, são lançadas as bases filosóficas da reforma religiosa.

Síntese

Como é possível perceber, o objetivo desta obra é demonstrar a importância da filosofia para a compreensão do fenômeno religioso no decorrer da história e de suas implicações. Com esse propósito, iniciamos o terceiro capítulo situando a filosofia da religião nos períodos da patrística e da escolástica. O primeiro período tem como característica a produção filosófica e teológica dos chamados *padres da igreja*. Eram assim denominados os escritores que apresentavam três características essenciais: a ortodoxia, a aprovação eclesiástica e a antiguidade. Esse período foi do início do cristianismo até João Damasceno (749). Seu expoente máximo foi Agostinho de Hipona.

A escolástica, por sua vez, é o conjunto de doutrinas e sistemas filosóficos e teológicos que emergiu durante a Idade Média e teve como preocupação estabelecer o nexo entre a fé e a razão. Aprofundou-se, nessa época da história, a relação entre estas e as provas ou argumentos para se chegar à existência de Deus. Tomás de Aquino, com sua fecunda produção intelectual, representou o ápice da escolástica medieval.

Contudo, no final da Idade Média, a partir do século XIII, outros pensadores entraram em cena e deram início a uma contestação histórica sobre a complementariedade entre fé e razão, até então inquestionável. Scotto e Ockham; principais protagonistas dessa nova postura intelectual; defendiam a independência entre as duas. Em decorrência dessa ideologia, surgiu um posicionamento inovador sobre o conceito de religião e as formas de se chegar às provas da existência de Deus, que consequentemente teve desdobramentos.

Os últimos pensadores desse período e seguidores dessas premissas despertaram uma série de indagações sobre o poder constituído, ou seja, sobre o primado dos poderes espiritual e temporal, representados pelo papa e pelo rei, e defenderam a desvinculação entre Igreja e Estado. A concepção tradicional de igreja sofreu duros golpes e deu origem a uma nova perspectiva de relação entre o ser humano e a divindade, sem a necessidade de mediações humanas. Em decorrênicia dessas premissas estavam lançadas as bases da ideologia reformista do cristianismo.

Indicações culturais

Filme

O NOME da rosa. Direção: Jean-Jacques Annaud. Itália/França/Alemanha: 20th Century Fox Film Corporation, 1986. 130 min. Adaptação do livro homônimo de Umberto Eco, o filme narra uma história de mistério ambientada na Idade Média. Embora muitos dos ricos diálogos de cunho filosófico do livro estejam ausentes no filme, ainda assim é interessante observar os valores da época, em especial a importância que se dava à leitura de Aristóteles e à ameaça que ele representava, naquela época para a fé cristã.

Atividades de autoavaliação

1. Denominamos *patrística* a doutrina dos autores da Antiguidade, ou seja, a ciência dos Padres da Igreja.

   Leia com atenção os enunciados a seguir:
   I. Santo Agostinho foi um dos grandes expoentes da patrística. Ele foi o autor de inúmeras obras, entre elas a *Suma Teológica*.
   II. Santo Agostinho foi um dos grandes expoentes da patrística. Ele foi o autor de inúmeras obras, entre elas *A cidade de Deus*.
   III. Tomás de Aquino marcou o período patrístico por sua concepção de divindade.
   IV. Clemente Romano, Inácio de Antioquia e Policarpo de Esmirna foram nomes importantes da patrística.
   V. Patrística significa o período denominado de os *Padres da Igreja*.

Assinale a alternativa que contém as respostas corretas:
a) I, IV e V.
b) I e III.
c) II, IV e V.
d) IV e V.
e) V.

2. A escolástica é o conjunto de doutrinas e sistemas filosóficos e teológicos que emergiu durante a Idade Média.

Leia atentamente as afirmações a seguir:

I. Esse período do pensamento cristão se designa *escolástica*, porquanto era a filosofia ensinada nas escolas da época por mestres denominados *escolásticos*.

II. Tomás de Aquino foi um dos principais pensadores da escolástica. Ele é o autor da *Suma Teológica*, um dos maiores compêndios de teologia.

III. Duns Scotto, um frade franciscano escocês, também é um representante do período escolástico.

IV. Partindo das percepções primitivas, o filósofo e teólogo escolástico chega ao princípio de tudo, ou seja, à certeza do Criador Supremo.

V. Tomás de Aquino, por meio da observação e da razão, estabeleceu um caminho ao qual chamou de "via" para se chegar ao absoluto. Elabora, portanto, as cinco vias para provar a existência de Deus.

Assinale a alternativa que contém as respostas corretas:
a) I e III.
b) II.
c) I, II e IV.

d) IV.
e) Todas as alternativas anteriores estão corretas.

3. Guilherme de Ockham foi um filósofo e teólogo inglês que marcou o final do período da escolástica. Seu pensamento assinalou pontos de divergência entre a fé e a razão.

Leia atentamente as afirmações a seguir:

I. Ockham levou à radicalidade a separação entre a fé e a razão. Portanto, para ele, filosofia e teologia trilham caminhos completamente diferentes.

II. Ockham, com sua postura ideológica, enfatizou que a filosofia é guiada pela razão e a teologia pela revelação e pela fé.

III. Para ele, a teologia deve ser guiada pela razão, assim sendo, ela pode refletir um grau de pureza e de independência.

IV. Ockham percebeu que a teologia e a filosofia poderiam ser complementares.

V. A esse filósofo está relacionado o preceito conhecido como "navalha de Ockham".

Assinale a alternativa que contém as respostas corretas:
a) I, II e III.
b) I e V.
c) I, II e V.
d) III e IV.
e) Todas as alternativas anteriores estão corretas.

4. Mestre Eckhart foi um dominicano alemão e um dos principais expoentes do misticismo de sua época. Do misticismo porque insistiu no fato de que Deus está além de toda a nossa possibilidade

conceitual e porque sustentou que o homem não é nada se estiver afastado de Deus.

Leia atentamente as afirmações a seguir:

I. Mestre Eckhart buscou, com sua obra, a justificação para a fé, que acabou ficando sem o suporte da razão, como vimos nos autores anteriores.

II. Eckhart apelou para a corrente mística, tentando mostrar a unidade entre o criador e a criatura, isto é, entre Deus e o homem.

III. Para mestre Eckhart, o homem sem Deus é nada, portanto, ele deve se esforçar para retornar para o seio de Deus.

IV. Mestre Eckhart não deixou escritos importantes.

V. Mestre Eckhart comungou com as ideias de Guilherme de Ockham.

Assinale a alternativa que contém as respostas corretas:
a) I, II e III.
b) IV e V.
c) I e III.
d) II e III.
e) Todas as alternativas anteriores estão corretas.

5. Ao final da escolástica e, consequentemente, da Idade Média, começaram a florescer ideias reformistas contra a religião estabelecida e contra os reinados e aristocracias. Esse período da história deixou marcas profundas.

Leia atentamente as afirmações a seguir:

I. As ideias de Guilherme de Ockham e Marsílio de Pádua sobre a oposição entre os poderes do rei e do papa e sobre a sua total independência vieram ao encontro dos interesses de vários soberanos de regiões europeias que almejavam constituir igrejas nacionais.

II. Contra a centralidade do papado, o teólogo inglês João Wyclif afirmou que a verdadeira igreja é a comunidade dos justos, que é a única soberana dos bens temporais coletivos.

III. Nessa época começaram a surgir as primeiras ideias que deram origem à Reforma Protestante.

IV. A Idade Média também é compreendida como Idade das Trevas.

V. Muitas regiões da Europa estavam aspirando por liberdade e autonomia.

Assinale a alternativa que contém as respostas corretas:
a) I e V.
b) II e III.
c) IV.
d) III, IV e V.
e) Todas as alternativas anteriores estão corretas.

Atividades de aprendizagem

Questões para reflexão

1. Que visão João Huss tinha de Igreja?

2. Por que a Idade Média também é definida como *Idade das Trevas*?

3. Tomás de Aquino estabeleceu um caminho lógico para provar a existência de Deus. Defina o que são as cinco vias propostas por ele.

Atividade aplicada: prática

Caro leitor, em nossas análises, muitas vezes nos deparamos com questões existenciais que serviram de base para o surgimento do saber filosófico. Perguntas simples, porém inquietantes: "Quem sou eu?", "Para onde vou?", "Tem sentido a minha existência?" e assim por diante. O senso comum nos diz que são as perguntas que movem o mundo!

Com base no que acabamos de expor, faça um exercício prático de transformar as perguntas das pessoas comuns em perguntas filosóficas. Olhe à sua volta e preste atenção nas conversas com seus amigos, familiares, colegas de trabalho etc. Anote dez perguntas que surgirem espontaneamente e que você considere existenciais e as transforme em perguntas filosóficas. Leve em consideração o exemplo a seguir.

Perguntas comuns	Perguntas filosóficas
1. Por que João morreu tão jovem?	1. O que é a morte? A morte é o fim de tudo?
2.	
3.	
4.	
5.	
6.	
7.	
8.	
9.	
10.	

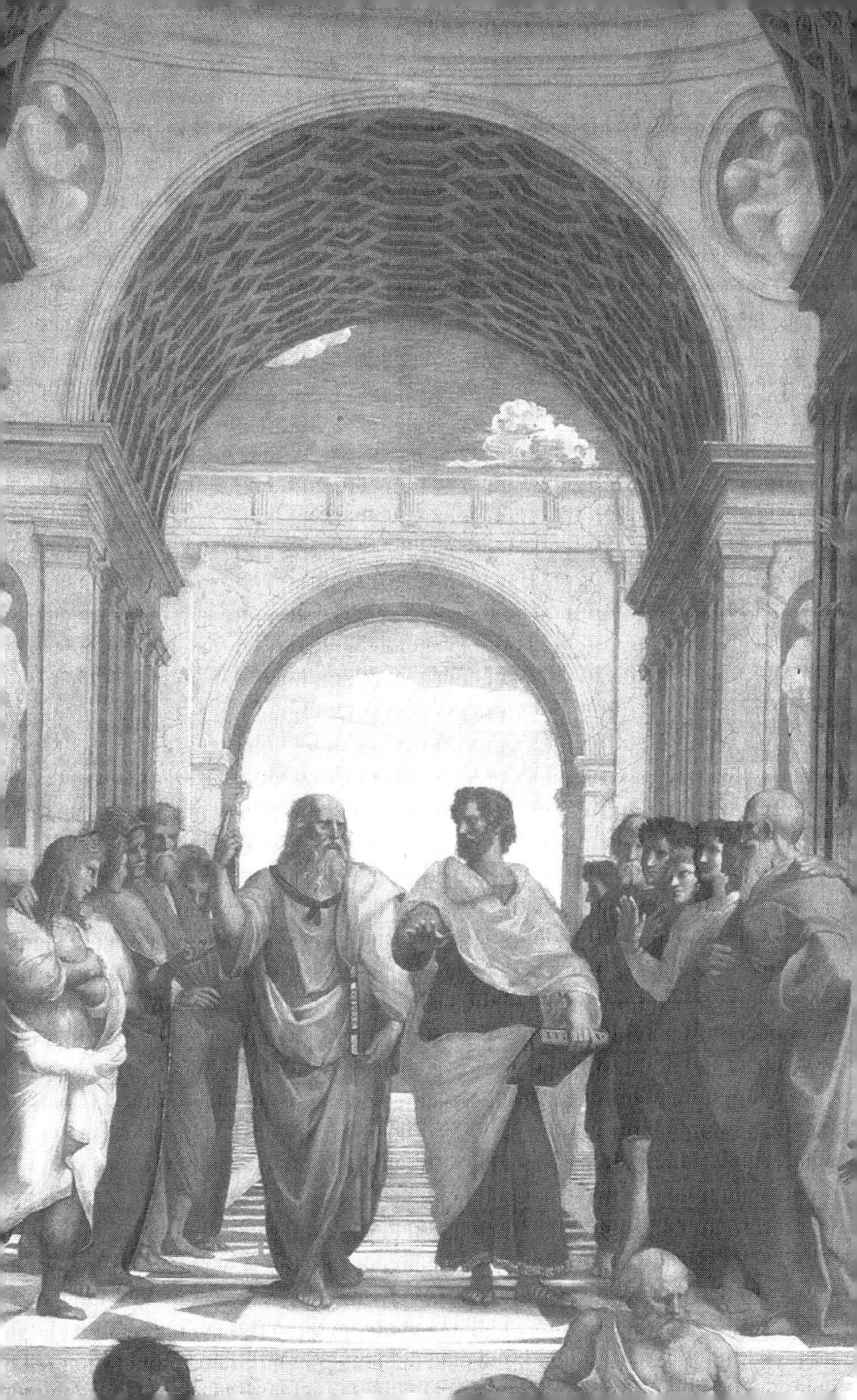

*Do humanismo às
filosofias críticas*

Muitos acontecimentos marcaram o período denominado humanista-renascentista até chegarmos aos filósofos aos quais denominamos defensores das filosofias críticas. É inevitável a existência de infindáveis correntes de pensamentos, pois estamos tratando de pessoas que nunca em suas vidas renunciaram à atividade de pensar. A aventura do pensamento gera uma riqueza incalculável, porém, dela também nascem ideologias e diferentes abordagens. Veremos, a seguir, em nosso estudo sobre a filosofia da religião, algumas correntes de pensamento e seus respectivos protagonistas.

4.1
Filosofia, religião e racionalidade

Ao adentrarmos no entendimento da filosofia da religião, não podemos nos desviar desses três conceitos fundamentais: **filosofia**, **religião** e **razão**. As perguntas que estão na gênese do ser humano, sobre sua origem e finitude e sobre a existência de Deus e de seus atributos, encontram nessas três áreas do conhecimento um campo fecundo de especulação, resultando em tentativas de respostas e em diferentes interpelações.

As questões filosóficas e religiosas não podem ser evitadas: "Como a religião era parte desta vida concreta, os filósofos não podiam deixar de formular a questão da verdade da religião, de sua significação para a vida humana e a questão filosófica sobre Deus" (Zilles, 2010, p. 8). Os questionamentos acerca da realidade do mundo e de Deus estão aí, ao alcance de qualquer pessoa que se aventure a pensar. Transcrevemos a seguir o que Reale e Antiseri (2005b) apresentam no preâmbulo de seus estudos sobre a história da filosofia e o argumento da razão. Essas indagações são as mesmas que os primeiros pensadores fizeram, que nós fazemos e que outros farão por todo o sempre, pois tratam da essência do ser, da relação com a divindade e com o cosmos:

> Deus existe, ou existiríamos apenas nós, perdidos neste imenso universo? O mundo é um cosmo ou um caos? A história humana tem sentido? E se tem, qual é? Ou, então, tudo – a glória e a miséria, as grandes conquistas e os sofrimentos inocentes, vítimas e carnífices – tudo acabará no absurdo, desprovido de qualquer sentido? E o homem: é livre e responsável ou é um simples fragmento insignificante do universo, determinado em suas ações por rígidas leis naturais? A ciência pode nos dar certezas? O que é a verdade? Quais são as relações entre razão científica e fé religiosa? Quando podemos

dizer que um Estado é democrático? E quais são os fundamentos da democracia? É possível obter uma justificação racional dos valores mais elevados? E quando é que somos racionais? (Reale; Antiseri, 2005b, p. 3)

O **racionalismo** tem como seu sustentáculo a supremacia da razão. Tudo o que existe pode ser explicado por um juízo lógico. Zilles (2010, p. 8) afirma que "O homem moderno questiona o acesso imediato do real e passa a falar da realidade através da mediação da subjetividade; desenvolve novo método de investigação e conhecimento, apoiando-se unicamente na razão e na experimentação científica" (2010, p. 8). É na razão que devemos confiar exclusivamente e é por meio dela e de sua capacidade de conhecimento que se chega a compreender e a explicar a realidade. Segundo De Pedro (1999), nesse período, houve um desprezo, e até exclusão, dos sentidos, dos sentimentos e da revelação por meio da fé. O racionalismo iniciou-se com Descartes (1596-1650) e se prolongou até o idealismo, tendo como seu maior expoente Kant (1724-1804).

De acordo com essa corrente filosófica, tudo o que não tiver sustentáculo na razão não pode ser considerado digno de credibilidade, inclusive, como destaca De Pedro (1999, p. 261), "os critérios de autoridade de qualquer tipo – também intelectual – de fé, de tradição etc.". Com o mesmo intuito, Zilles (2010, p. 8) destaca que "As ciências visando a dominar a natureza, através da descoberta da regularidade dos fenômenos naturais, dispensam a hipótese da causa primeira" . Por esse motivo, são derrubadas as chamadas *provas da existência de Deus*. O racionalismo, chegando às últimas consequências, pode levar à **negação do transcendente**, ou seja, à negação de Deus, ou ao **agnosticismo**, que é a atitude em que se diz que não há como se afirmar ou negar a existência de Deus.

SAIBA MAIS **Agnosticismo**: "Esse termo foi criado pelo naturalista inglês Thomas Huxley em 1869 (*CollectedEssays*, V, p. 237 ss.) para indicar a atitude de quem se recusa a admitir soluções para os problemas que não podem ser tratados com os métodos da ciência positiva, sobretudo os problemas metafísicos e religiosos. O próprio Huxley declarou ter cunhado esse termo 'como antítese do 'gnóstico' da história da Igreja, que pretendia saber muito sobre coisas que eu ignorava'. Esse termo foi retomado por Darwin, que se declarou agnóstico em uma carta de 1879. Desde então o termo foi usado para designar a atitude dos cientistas de orientação positivista em face do Absoluto, do Infinito, de Deus e dos respectivos problemas, atitude essa marcada pela recusa de professar publicamente qualquer opinião sobre tais problemas" (Abbagnano, 2007, p. 22).

Zilles (2010, p. 8) nos ajuda a retomar a questão na perspectiva de que

o pensamento moderno não consegue pensar a subjetividade humana em seu relacionamento teórico e prático com o mundo sem referência, positiva ou negativa, a Deus. A questão de Deus passa a ser tematizada não mais a partir do mundo e, sim através da mediação do homem e de suas relações com o mundo, ou seja, a partir da subjetividade.

Decorrem desse pensamento as várias concepções sobre *divindade*, dando origem às mais diversas correntes religiosas.

4.2
Humanismo e Iluminismo

Com o advento do **humanismo**, entraram em cena pensadores que ousaram romper com o pensamento medieval e a perspectiva religiosa herdada desse período. O foco da reflexão, que estava em Deus e no cosmo, deslocou-se para o **homem**. Não houve uma completa negação da religião, mas uma profunda exaltação do homem, de sua beleza e de suas potencialidades.

O humanismo é uma doutrina filosófica que tem o homem – e não o cosmo – como o centro de sua atenção.

O humanismo surgiu na época do Renascimento e abrangeu os séculos XIV a XVI. Esse termo foi utilizado pelo filósofo e teólogo alemão Niethammer (1766-1848) para se referir ao campo dos estudos clássicos e ao seu espírito e, segundo Reale e Antiseri (2005b), em contraposição ao estudo das disciplinas científicas. Para o mesmo autor, a palavra *humanista* teve seu aparecimento na metade do século XV para indicar os professores de gramática, retórica, filosofia e outras disciplinas. Reale e Antiseri (2005b, p. 3) recordam que "A palavra humanista, porém, já era empregada pela metade do 400, e deriva de *humanitas*, que em Cícero e Gélio significa educação e formação espiritual do homem, na qual têm papel essencial as disciplinas literárias (poesia, retórica, história, filosofia)". Ferrater Mora (1964) complementa referindo-se ao humanismo como algo relacionado ao estudo das línguas e dos autores clássicos, sobretudo gregos e latinos. Portanto, com o termo *humanismo*, queremos também especificar a educação e a formação do homem.

O humanismo surgiu como uma oposição ao pensamento escolástico e assumiu certa independência da religião. Conforme De Pedro (1999, p. 142), "O humanismo do renascimento enfraqueceu o sentido religioso ao centrar-se no homem, distraindo-se, em certo sentido, do transcendente, mas não negou a Deus e nem a religiosidade". Destacam-se, nessa época, Erasmo de Rotterdam, Juan Luis Vives, Michel de Montaigne, entre outros. Por sua vez, os humanistas do século XIX e início do século XX negaram a existência de Deus para afirmar e exaltar a existência do homem. Representantes desse período foram Ludwig Feuerbach, Friedrich Nietzsche, Karl Marx, Jean-Paul Sartre, entre outros.

De acordo com Abbagnano (2007), são quatro os fundamentos do humanismo: o homem deve ser compreendido em sua totalidade; em sua historicidade; no valor humano das letras clássicas; e no reconhecimento de sua naturalidade.

Quando Abbagnano (2007) fala **na compreensão do homem em sua totalidade**, ele afirma que este é dotado de corpo e alma, está inserido no mundo e tem a missão de dominá-lo. Essa afirmação contraria a doutrina escolástica, cuja formação era destinada a uma espécie de anjo, isto é, alguém fora da realidade, e não ao homem concreto. Destacam-se, ainda, no humanismo: o valor do prazer; a importância do estudo das leis, da medicina e da ética em contraposição à metafísica; a exaltação da dignidade e da liberdade do homem, reconhecendo o seu lugar central na natureza; e a negação da superioridade da vida contemplativa sobre a vida ativa.

O segundo fundamento do humanismo se refere à sua **historicidade**. Além de estar inserido no mundo de maneira concreta, o homem tem um passado que não pode ser negado, ao qual está unido pelo legado que recebeu, porém, mantém sua independência para que possa viver livremente. A filologia, com o estudo dos documentos clássicos isentos das inserções medievais, é de grande importância para a historicidade.

> **SAIBA MAIS**
> **Filologia**: "ciência que tem por objetivo a reconstituição histórica da vida do passado através da língua, portanto dos seus documentos literários" (Abbagnano, 2007, p. 441).

O terceiro fundamento provém de *humanitas*, como vimos anteriormente, e significa a **educação do homem**. Atesta Abbagnano (2007) que as disciplinas de boas artes, chamadas de *humanísticas*, são as que formam o homem por serem próprias do homem.

O quarto fundamento ao qual se refere Abbagnano (2007) é o **reconhecimento da naturalidade do homem**: o homem é um ser natural, portanto, o conhecimento da natureza é um elemento indispensável para a sua preservação e o seu sucesso.

O **Iluminismo** despontou no século XVIII, conhecido como o século das luzes, e foi um movimento intelectual iniciado na Inglaterra por Isaac Newton (1643-1727) e John Locke (1632-1704). Os pensadores dessa corrente influenciaram a organização social e política com suas novas ideias, destacando a razão humana como fonte de todo conhecimento. Essa concepção racionalista teve seu alvorecer no século XVII, com René Descartes e seu método universal do pensamento racional e científico. Vale recordar que, ainda nesse século, Isaac Newton formulou a lei da gravitação universal, procurando explicar os fenômenos da natureza de maneira racional. Na filosofia política, John Locke escreveu os *Dois tratados sobre o governo* e o *Ensaio sobre o entendimento humano*, lançando, assim, os fundamentos do liberalismo.

Um dos grandes frutos do período iluminista foi a *Enciclopédia**.
Contando com a ajuda de filósofos e economistas iluministas, os franceses

---

*   "A *Enciclopédia* é o empreendimento mais representativo da cultura e do espírito do Iluminismo francês. É uma obra coletiva, dirigida por Denis Diderot (e Jean d'Alembert até 1758): a Enciclopédia ou dicionário racionalizado das ciências, das artes e dos ofícios. Publicada entre 1751 e 1772 com várias interrupções devidas a ataques e a decretos de supressão de volumes, a Enciclopédia resultou por fim em 17 volumes de texto, mais 11 volumes de ilustrações gravadas sobre cobre, representando as artes e os ofícios da época. [...] A finalidade principal da Enciclopédia foi a de unificar os conhecimentos dispersos sobre a face da terra, expondo seu sistema e transmitindo-o às gerações futuras, a fim de que as obras dos séculos passados não se tornassem inúteis para os séculos sucessivos" (Reale; Antiseri, 2005a, p. 237).

Denis Diderot e Jean Le Rond D'Alembert escreveram uma gigantesca obra com o resumo dos conhecimentos humanos, que difundiu o Iluminismo.

Os pensadores dessa época afirmavam que a sociedade ideal tinha de ser igualitária e que a felicidade dos homens deveria estar acima de tudo: a carga de opressão que pairava sobre o povo tornou-se insuportável.

O pensamento iluminista queria libertar a sociedade das amarras do passado, sobretudo do mercantilismo, do absolutismo, dos monopólios, da desigualdade social, do domínio da religião e da falta de liberdade de expressão, aspectos estes que foram duramente criticados pelos iluministas. Zilles (2010, p. 11) afirma:

> Como se sabe, Kant descreveu o Iluminismo como "a saída do homem de sua minoridade culpada. A minoridade é a incapacidade de servir-se do próprio entendimento sem a direção de outrem... Sapere aude! Tem a coragem de servir-te do teu próprio entendimento! Tal é o lema do Iluminismo!" (Crítica da razão pura).

Os principais expoentes dessa corrente filosófica foram: François Marie Arouet, mais conhecido como **Voltaire**; Charles-Louis de Secondat, o Barão de **Montesquieu**; e **Jean-Jacques Rousseau**. Além desses pensadores, outros despertaram defendendo o liberalismo econômico, entre eles, os economistas **Adam Smith** e **Robert Jacques Turgot**.

Mais do que uma corrente filosófica, o Iluminismo abrangia as artes, a literatura, a economia e a política. Seus pensadores propunham a democracia como forma de governo, a liberdade econômica, o livre comércio e a supremacia da razão sobre a fé. Eram sistematicamente contrários à religião, à superstição e ao dogmatismo religioso. Os iluministas diziam que a religião atrasava o desenvolvimento da sociedade. Em contraposição, propuseram a razão, o racionalismo e a ciência como motores que impulsionam o mundo. Kant, citado por Zilles (2010, p. 11), descreveu o Iluminismo como "a saída do homem da minoridade culpada.

A minoridade é a incapacidade de servir-se do próprio entendimento sem a direção de outrem".

A compreensão da centralidade do humano condicionou toda a realidade sociocultural, afirma Zilles (2010). Profundas mudanças ocorreram no universo político com a igualdade entre todos, o processo de democratização, o livre associativismo – que provocou a crise da autoridade institucional –, entre outros fatores. Conforme Zilles (2010, p. 12), "o Iluminismo também repercutiu sobre a religião, de modo especial sobre o cristianismo. Sua imagem do homem e do mundo estava por demais vinculada a uma época definitivamente ultrapassada. Com isso a fé tornou-se objeto de suspeita como ideologia de ordem ultrapassada e força reacionária". O autor destaca que o Iluminismo não está superado, ele representa um processo que interage com a espiritualidade ocidental e é um caminho de emancipação.

4.2.1 O *discurso do método* de *Descartes*

René Descartes, chamado de **pai da filosofia moderna**, nasceu em La Haye, França, em 1596, e morreu em 1650, na Suécia. Formou-se em direito e, em 1619, teve uma revelação intelectual a respeito da nova ciência. Suas principais obras são *As regras para a guia do intelecto, Discurso do método, As meditações metafísicas, Respostas às objeções, Os princípios de filosofia* e *As paixões da alma*. Foi ele quem lançou as bases do racionalismo.

Descartes era um homem impaciente em busca da verdade e, não a encontrando em seus primeiros estudos, decidiu buscá-la no mundo. Alistou-se no exército holandês e, depois, no da Baviera; entrou em contato com a física de Copérnico e, mais tarde, retornou a Paris. Dedicou-se ao estudo da filosofia e, em seguida, na Holanda, estudou matemática e física.

Em seus estudos, objetivando encontrar a verdade, Descartes elaborou um método pelo qual, segundo ele, seria impossível se deixar enganar. As regras desse método eram muitas, chegando a 21, porém conseguiu reduzi-las a apenas quatro. Descartes, na obra *Guia do intelecto*, queria propor

regras certas e fáceis que, sendo observadas exatamente por quem quer que seja, tornem impossível tomar o falso por verdadeiro e, sem qualquer esforço mental inútil, mas aumentando sempre gradualmente a ciência, levem ao conhecimento verdadeiro de tudo o que se é capaz de conhecer. (Reale; Antiseri, 2005b, p. 289)

O método de Descartes está fundamentado em quatro regras básicas a serem observadas: a evidência racional, a análise, a síntese e o controle. Vamos analisar brevemente essas quatro regras:

1. **Evidência racional** – Não se deve acatar algo por verdadeiro se não se observar uma evidência lógica, algo quase que como intuitivo, que não deixa margens para questionamento. É a primeira intuição que aparece. Segundo Reale e Antiseri (2005b, p. 290), o ato intelectual pelo qual se chega à evidência de um fato é o ato intuitivo.

2. **Análise** – Consiste em dividir a questão analisada em tantas partes quantas forem necessárias para se poder solucioná-la. Trata-se do método analítico: partir do complexo para o simples e, quanto mais simples for, melhor para se compreender, evitando generalizações e tornando possível discernir entre o verdadeiro e o falso.

3. **Síntese** – A terceira regra do método de Descartes parte do seguinte princípio: depois de se dividir em partes devemos buscar a compreensão partindo dos elementos mais simples e de maior facilidade de compreensão até se chegar aos compostos, ou seja, aos mais complexos. Trata-se de uma elevação gradativa do simples ao complexo, galgando degraus.
4. **Controle** – A última regra estabelecida pelo pensador é exatamente a revisão dos passos anteriores. Por controle, ele entende a revisão cuidadosa, para que se evite qualquer tipo de equívoco.

Descartes, com sua estratégia, queria refutar toda e qualquer ideia de verdade com noções aproximativas, especulativas, fantasiosas ou, até mesmo, mitológicas que escapassem da peneira fina de seu método. Segundo Reale e Antiseri (2005b, p. 290), "o universal e a abstração, dois momentos fundamentais da filosofia aristotélico-escolástica, são suplantados pelas naturezas simples e pela intuição".

Segundo o filósofo, não se pode aceitar como verdadeira uma afirmação que possa ser colocada em dúvida. Dessa maneira, Descartes analisou os princípios sobre os quais se fundamenta o saber tradicional, elencando três deles:
1. a experiência sensível – indaga o filósofo, "como posso considerar verdadeiro um saber oriundo dos sentidos, se esses podem ser enganosos?";
2. a razão, que não está imune de incertezas;
3. o saber matemático: ninguém duvida de uma operação simples de adição ou subtração.

Reale e Antiseri (2005b, p. 292) nos apresentam uma inquietude de Descartes: "O fato de 2 + 2 = 4 é verdadeiro em qualquer circunstância e em qualquer condição. E, no entanto, quem me impede de pensar que exista 'um gênio maligno, astuto e enganador', que, brincando comigo, me faz considerar evidentes coisas que não o são?". Raciocinando dessa maneira, a dúvida se expande a todos os setores, até mesmo àqueles que eram tidos como inquestionáveis.

Partindo do raciocínio exposto, a única proposição que se sustenta como verdadeira é a máxima "Penso, logo existo". Descartes, após ter colocado todos os saberes até então ensinados sob dúvida, chegou à seguinte constatação: "eu, que estou assim pensando e que cheguei a essas conclusões, tenho de ser alguma coisa". Reale e Antiseri (2005b) nos apresentam a conclusão a que chegou o filósofo: "E observando que essa verdade – 'penso, logo sou' – era tão firme e sólida que nenhuma das mais extravagantes hipóteses dos céticos seria capaz de abalá-la, julguei que podia aceitá-la sem reservas como o princípio primeiro da filosofia que procurava" (Descartes, citado por Reale; Antiseri, 2005b, p. 292). Parafraseando o autor, essa certeza nem um gênio maligno poderia tirá-la, pois, para tanto, ele, aquele que pensava, deveria existir.

Para Descartes, a dedução "penso, logo existo" não é fruto do raciocínio, mas pura intuição, e o centro do novo saber é o sujeito humano. O **eu** como ser pensante revela-se em um espaço de inúmeras ideias, que, para o nosso filósofo, resumem-se em três classes: as inatas, as adventícias e as factícias. As **inatas** existem dentro da pessoa e nascem junto com a consciência; as **adventícias** vêm de fora e são coisas diferentes da pessoa; e as **factícias** são construídas pela própria pessoa.

Para Descartes, Deus é perfeito e a ideia inata de Deus não vem das coisas sensíveis. Para ele, chegamos à certeza do mundo por meio da certeza de Deus. Zilles (2010, p. 28) nos ajuda a compreender as provas cartesianas da existência de Deus, que são três:

a primeira tem como ponto de partida a ideia de Deus (aspecto existencial) e conclui que a realidade objetiva da ideia de Deus exige como causa a realidade formal que pensa, isto é, Deus. A segunda demonstração parte do eu pensante que tem a ideia de Deus e conclui que o ser que tem a ideia de Deus e não é Deus tem que ser causado por Deus. A terceira prova parte da ideia de Deus (aspecto essencial) e conclui que o ser infinitamente perfeito contém em si a existência que é uma perfeição.

Entre as ideias inatas, encontra-se a de Deus. Descartes expõe nas *Meditações metafísicas*: "é uma ideia de uma substância infinita, eterna, imutável, independente e onisciente, da qual eu próprio e todas as outras coisas que existem [...] fomos criados e produzidos" (Descartes, citado por Reale; Antiseri, 2005b, p. 296). Trata-se da questão da existência divina não proposta de fora, e sim do próprio homem, de sua consciência. E continua dizendo: "Tal ideia, que está em mim, mas não é de mim, só pode ter por causa adequada um ser infinito, isto é Deus" (Descartes, citado por Reale; Antiseri, 2005b, p. 296).

4.2.2 David Hume

David Hume nasceu em Edimburgo, Escócia, em 1711, e morreu em 1776, na mesma cidade. Foi filósofo, historiador e dedicou-se por três anos ao comércio, na França. Na Inglaterra, tornou-se secretário do general Saint Clair, acompanhando-o a Turim e a Viena. Mais tarde, exerceu cargos públicos e na diplomacia. Na França, conheceu o pensamento de Rousseau.

Hume teve contato com o pensamento dos principais iluministas franceses, mas desenvolveu sua própria **filosofia empirista**, tratando sobre o conhecimento humano, a moral e a religião. Segundo Japiassú e Marcondes (2008, p. 137), seu pensamento se caracteriza por um fenomenismo, conhecido por seu ceticismo, em que Hume "reduz os princípios racionais a ligações de ideias fortificadas pelo hábito e o eu a uma coleção de estados de consciência". Em suas obras, podemos encontrar as seguintes proposições:

a) não é possível nenhuma teoria geral da realidade: o homem não pode criar ideias, pois está inteiramente submetido aos sentidos; todos os nossos conhecimentos vêm dos sentidos; b) a ciência só consegue atingir certezas morais: suas verdades são da ordem da probabilidade; c) não há causalidade objetiva, pois nem sempre as mesmas causas produzem os mesmos efeitos; d) convém que substituamos toda certeza pela probabilidade. Eis seu CETICISMO, *a condição da tolerância e da coexistência pacífica entre os homens. Trata-se de um ceticismo teórico, não válido na vida prática.* (Japiassú; Marcondes, 2008, p. 137)

Segundo Santidrián (1996), Hume centra toda a força destrutiva de seu ceticismo na filosofia da religião: seu pensamento destrói os alicerces do cristianismo e de qualquer resquício de religião natural. Podemos sintetizar suas ideias a respeito da religião nas seguintes proposições:

a) Não existe uma religião natural comum a todos os povos. b) Existe uma história natural das religiões, variadas conforme as diversas épocas e civilizações. c) A origem do sentimento religioso encontra-se no medo da morte e no horror aos castigos, assim como na ânsia de uma felicidade prometida. d) O politeísmo é a forma primeira e mais genuína do sentimento religioso dos homens, que inventaram heróis e santos para fazê-los propícios e favoráveis ao culto. e) O monoteísmo é fruto da prevalência de um deus sobre outro. Como o restante dos iluministas, na religião não vê mais do que luta de superstições, fanatismos, hipocrisias imorais, ambições de poder temporal, intolerância e aversão à liberdade de pensamento. (Santidrián, 1996, p. 277)

As proposições de Hume apontam para um agnosticismo, ou seja, uma situação de não poder provar e nem negar a existência de Deus. Em sua obra Diálogos sobre a religião natural, Hume transparece a inquietude em que vive e o desejo de ver suas dúvidas serem dissipadas. Ele expressa:

um desejo ardente de que possa o céu dissipar, ou pelo menos aliviar, essa profunda ignorância, oferecendo à humanidade alguma revelação particular, Descobrindo-lhe algo da natureza divina de nossa fé, de seus atributos e de suas operações, com o que uma pessoa penetrada de um justo sentimento das imperfeições da razão natural voará à verdade revelada com a máxima avidez". (Santidrián, 1996, p. 278)

As proposições de Hume apontam para um agnosticismo, ou seja, uma situação de não poder provar nem negar a existência de Deus.

4.2.3 Immanuel Kant

Immanuel Kant nasceu em Königsberg, na Prússia Oriental (Alemanha), em 1724, e morreu em 1804, na mesma cidade. Esse pensador é um dos homens que mais marcou a filosofia contemporânea. Sua produção está dividida em duas fases: de 1755 a 1780, conhecida como **pré-crítica**, na qual seu pensamento está inserido no contexto metafísico de Leibniz e Wolff; e a segunda fase, denominada de **crítica**, que surge em 1781, quando publica a obra intitulada *Crítica da razão pura*. A filosofia crítica de Kant se resume a quatro questões fundamentais, que angustiaram uma multidão de pensadores: O que podemos saber? O que devemos fazer? O que temos o direito de esperar? O que é o homem?

De acordo com Japiassú e Marcondes (2008, p. 58), em sua obra *Lógica*, Kant afirma que "a filosofia […] é por um lado a ciência da relação entre todo conhecimento e todo uso da razão; e, por outro, do fim último da razão humana, fim este ao qual todos os outros se encontram subordinados e para o qual devem se unificar".

Vejamos como Kant questiona e derruba as tentativas de se provar a existência de Deus por meio da razão e da lógica, como muitos pensadores haviam se proposto a fazer. Em sua *Crítica da razão pura*, Kant tenta empregar a proposta de seu raciocínio ao universo da religião, ou seja, à divindade, à alma, à eternidade e à imortalidade. Para o pensador, segundo Santidrián (1996, p. 312), nós "não podemos conhecer o que são as coisas em si mesmas, mas tal como nós as experimentamos através dos sentidos". Levando em consideração a premissa exposta, Santidrián afirma que Kant refuta as provas da existência de Deus afirmando que

a) Os argumentos ontológico, cosmológico e teológico não servem para demonstrar a existência de Deus. b) Rejeita também toda pretensão de conhecer como é Deus, porque suporia aplicar ao âmbito do incondicional ou absoluto algo que somente tem vigência no terreno do finito e fenomênico. c) Deste princípio, chega à conclusão de que não é válida a tentativa de provar que Deus existe. A razão não tem uma forma sensível que lhe permita dar o salto até Deus. A Deus somente chegamos pela fé, não pelo conhecimento. Não obstante, o conceito de Deus atua como "princípio regulador" que nos mostra um objetivo teórico capaz de orientar nossa vida. (Santidrián, 1996, p. 312)

Em outras três obras, Kant volta a se referir às questões religiosas e à moral. São elas: *Crítica da razão prática*, *Crítica do juízo* e *Metafísica dos costumes*. Retornando aos mesmos temas tratados em *Crítica da razão pura*, ou seja, ao conceito de Deus, à liberdade e à imortalidade, afirma que eles são importantes por legitimarem a moral. Quanto à razão prática e à consciência, Kant:

> a) Descobre esses conceitos como postulados que a razão é incapaz de demonstrar, mas que se impõem por si mesmos. b) Descobre deste modo que o homem é livre ao dar-se a si mesmo a lei. c) Descobre finalmente que a liberdade exige a imortalidade e a existência de um ser divino, um Deus justo que reivindique os direitos ou exigências da justiça vulnerados pelas injustiças e desajustes deste mundo. (Santidrián, 1996, p. 312)

No que se refere à religião, Kant apresentou conclusões muito peculiares e provocativas: para ele, seria impossível pensar em uma religião que surgisse por revelação divina, como é o caso do cristianismo. Kant também não via a necessidade de uma divindade (Jesus, por exemplo). Ele poderia ser um mestre inspirador ou algum tipo de filósofo. Para Kant, "a religião não é mais do que o reconhecimento de nossos deveres como mandatos divinos. É um puro reconhecimento da razão prática. Não há, portanto, lugar para a chamada experiência místico-religiosa" (Santidrián, 1996, p. 312). Estão lançadas, portanto, as bases racionais para o Iluminismo, o deísmo, a religião natural e o agnosticismo.

> **SAIBA MAIS**
>
> **Deísmo**: Crença em um ser supremo transcendente ao homem, motor do universo. O deísmo trata-se de uma crença fora dos dogmas e das religiões, que rejeita toda e qualquer revelação.
>
> **Religião natural**: "Doutrina que afirma a possibilidade do conhecimento de Deus e de suas obras, graças à razão humana e à contemplação da natureza." (Schlesinger; Porto, 1995, p. 2195)

4.3
Existencialismo

O existencialismo é uma corrente de pensamento que teve sua origem no século XIX, tendo seu foco no indivíduo e em suas atitudes existenciais, ou seja, na análise da existência ou na análise das situações em que o homem pode encontrar-se. Trata-se do primado da existência.

O centro da atenção do existencialismo não é o homem como um ser pensante, mas suas atitudes, suas ações e seus sentimentos, portanto, seu relacionamento com o mundo, as coisas e as outras pessoas.

O existencialismo tem como seu principal inspirador o filósofo dinamarquês Sören Kierkegaard (1813-1855), que é também considerado por muitos o pai dessa corrente filosófica. Surgiu como uma reação ao idealismo, de maneira particular ao de Hegel. Para Kierkegaard, a vida é difícil e um grande problema para se solucionar. Ele atribui essa situação ao mal e ao pecado. Também afirma que a maioria das pessoas não sabe e não quer se preocupar com essa questão. O **subjetivismo** é a principal marca do existencialismo: a experiência pessoal é fundamental.

Kierkegaard defendeu que o homem é um **ser relacional** e insistiu no "aspecto nadificante do possível, que torna problemáticas e negativas tanto as relações do homem com o mundo, quanto as relações do homem consigo mesmo e com Deus" (Reale; Antiseri, 2007, p. 403). A angústia e o temor acompanham a caminhada dos pensadores existencialistas. Kierkegaard chega a dizer: "A própria relação com Deus – que parece oferecer ao homem um caminho de salvação da angústia e do desespero (porque 'para Deus tudo é possível') – por não ter garantias absolutas e por ser dominada pelo **paradoxo**, não pode oferecer certeza nem repouso" (Abbagnano, 2007, p. 403, grifo do original).

De acordo com Ferrater Mora (1964), a primeira atitude da filosofia existencial, ou melhor dizendo, do homem que vive e pensa existencialmente, é negar-se a reduzir seu ser humano e sua personalidade a uma entidade qualquer. O homem não pode ser reduzido a ser um animal racional nem tampouco a ser um animal social ou um ente psíquico ou biológico.

Hoje o existencialismo se ramifica em tendências diferentes. Fala-se em existencialismo teológico, cristão, ateu, marxista e, por esse motivo, torna-se difícil chegar a uma definição convincente do que seja o existencialismo, pois ele se fundamenta no ato de existir humanamente e, por conseguinte, pode seguir as mais variadas vertentes, conforme o subjetivismo determina. Sua linha de pensamento manifesta-se em certo desprezo pelos conceitos universais e em um regresso ao concreto, ao singular existente, ao vivo, às situações individuais, a todas as relações dos indivíduos com os outros e o mundo.

Para Sartre, expoente do **existencialismo ateu**, a existência precede a essência do homem e "desde nosso nascimento somos lançados e abandonados no mundo, sem apoio e sem referência a valores; somos nós que devemos criar nossos valores através de nossa própria liberdade e sob nossa própria responsabilidade [...] e a liberdade é a essência do homem" (Japiassú; Marcondes, 2008, p. 99).

A filosofia de Sartre propõe e analisa um humanismo ateu, em que

o homem é uma paixão, mas uma paixão inútil. Em que a liberdade do homem não serve para nada, já que "se esgota na busca de uma síntese impossível que deveria torná-lo Deus". A existência é "obscena", de uma superabundância viscosa, na qual a liberdade se interliga. O homem nada mais é do que o seu projeto; somente existe quando se realiza, é tudo um conjunto de seus atos, nada mais é do que a sua própria vida. O homem é totalmente e sempre livre ou nunca o será. No entanto, ao querer a liberdade, descobrimos que ela depende inteiramente da liberdade dos outros, e que a liberdade dos outros depende da nossa. Onde fica, então, a liberdade humana? (Santidrián, 1998, p. 492)

Para Sartre, Deus não existe: "Não pode haver um Deus, se por Deus entendemos um ser autoconsciente infinito" (Santidrián, 1998, p. 492). Portanto, se Deus não existe, os valores são criação humana e dependem única e exclusivamente do homem. Santidrián (1998, p. 492) afirma que "o ponto de partida do existencialismo, segundo Sartre, é a frase de Dostoyevski: 'Se Deus não existe, tudo é permitido'. Não existe uma razão sobrenatural para a existência humana. O homem está no mundo só e é ele o responsável pela sua vida e pelos seus atos".

Assim sendo, Sartre defende a ideia de que primeiro o ser humano existe e depois determina sua essência, de acordo com seu modo de viver. Portanto, quem define a essência do homem é ele mesmo, e não Deus. Não existindo Deus, o fundamento universal desaparece, dando margem ao surgimento da **subjetividade moral**. Sartre salienta que emerge no ser humano um sentimento de angústia e fragilidade e é sua responsabilidade orientar a própria vida.

4.3.1 Marx e o "ópio do povo"

Karl Marx (1818-1883) nasceu em Trier, na Alemanha. Foi filósofo, político e economista. Uma de suas principais obras, *O capital*, e suas ideias** provocaram uma série de mudanças em todo o mundo,

---

** A **filosofia marxista** tem seu fundamento no materialismo e no socialismo científico, que procura, de um modo racional e metódico, analisar as condições de instalação de uma sociedade sem classes. Essa ideologia tornou-se o programa dos movimentos operários, pois une a teoria com a prática. No centro da teoria marxista encontra-se o trabalho que é a expressão da vida humana. Por meio do trabalho, o homem transforma a si mesmo.

atingindo os âmbitos social, político e econômico. Dedicou toda a vida à luta social e política por meio de suas inúmeras obras, da atividade jornalística e, também, do contato direto com lideranças sociais. Segundo Santidrián (1998, p. 379), "o ponto de partida de seu pensamento é a 'reivindicação do homem, do homem existente, em todos os seus aspectos'. O que Marx quis realizar foi uma interpretação do homem e de seu mundo, que ao mesmo tempo fosse empenho de transformação e, neste sentido, atividade revolucionária".

Essa interpretação se dá por meio das relações externas com os demais homens e a natureza que lhe dá o sustento. Segundo Santidrián (1998, p. 379), para Marx, "A personalidade real e ativa do homem concretiza-se nas relações de trabalho em que se encontra". Para Marx, o trabalho é a única forma de liberdade e realização e o que impede essa realização é considerado por ele alienação***. Os meios de produção, por exemplo, por causa da propriedade privada e da sociedade capitalista, foram transformados em instrumentos de submissão e não em instrumentos da atividade produtiva, que garantem o sustento do trabalhador.

Para Santidrián (1998), é exatamente nessa categoria que Marx colocou a religião. Ele fala de **alienação religiosa**, considerando a religião

---

*** Para Marx, a alienação do trabalho consiste nisto: "o trabalho permanece exterior ao operário isto é, não pertence a seu ser, e o operário, portanto, não se firma em seu trabalho, e sim se nega, não se sente satisfeito, mas infeliz; não desenvolve nenhuma livre energia física e espiritual, mas mortifica seu corpo e arruina seu espírito [...], seu trabalho não é voluntário, mas forçado, é trabalho constritivo". (Reale; Antiseri, 2005c, p. 191) como imagem de um mundo transtornado, onde se colocou no lugar do homem real, com todos os seus problemas, a essência de um homem abstrato, que recebe da religião um alimento ilusório, ou uma felicidade ilusória a que Marx chamou de *ópio do povo*. "A miséria religiosa é, de um lado, a expressão da miséria real e, do outro, o protesto contra a miséria real. A religião é o suspiro da criatura oprimida, o coração de um mundo desapiedado, assim como o espírito de uma condição privada de espírito. Ela é o ópio do povo" (Marx, citado por Reale; Antiseri, 2005c, p. 191). Assim, a religião, com todos os seus dogmas, ensinamentos e espiritualismos, é a teoria desse mundo transtornado. Dessa maneira, para o pensador alemão:

a) A religião – assim como as ideologias, a filosofia, o Estado, o capital – são fonte de alienação, porque subtraem o homem da vida real, inchando-o com uma vida irreal, inexistente. b) A religião é uma das formas históricas de alienação, porque, além de afastá-lo da realidade e de sua própria identidade, promete ao homem uma felicidade enganosa fora deste mundo e perpetua desta maneira o estado de injustiça e de opressão, já que sanciona a exploração do homem pelo homem. (Santidrián, 1998, p. 380)

Santidrián ainda afirma que, no pensamento de Marx, a religião não tem espaço, ela é fruto do "desconhecimento do mundo e da realidade do homem". É definida por ele como um "superfenômeno, uma superestrutura humana". O universo religioso, Deus, o espírito e a eternidade seriam um falso desdobramento do homem, fruto da alienação.

4.3.2 Ludwig Feuerbach e a essência do cristianismo

Ludwig Feuerbach nasceu na Alemanha em 1804 e morreu no mesmo país em 1872. Suas principais obras são: *Essência do cristianismo* (1841) e *Preleções sobre a essência da religião* (1845). O filósofo alemão é considerado o precursor do **humanismo naturalista**. Segundo o

Dicionário de filósofos, citado por Santidrián (1996, p. 220), dois são os postulados principais desse filósofo alemão:

> 1) "O ser enquanto ser é finito", porque sempre está nos limites do tempo e do espaço concretos, e "onde não há limites, nem tempo, nem necessidades, também não há qualidades, energia, spíritus, fogo, nem amor algum". 2) A negação de Deus é o fundamento para a afirmação do homem: "Eu nego a Deus", escreve Feuerbach, isto significa para mim: "Eu nego a negação do homem".

Feuerbach critica a religião, de maneira particular o cristianismo, dizendo que

> O ser absoluto, o Deus do homem, é o ser próprio do homem. Em consequência, "não foi Deus quem criou o homem", mas foi o homem quem criou Deus com a sua própria imaginação, ao unir a especulação à base de abstrações, em oposição aos sentidos.

(Feuerbach, citado por Santidrián, 1996, p. 220)

Segundo o pensador, o homem atribui a uma divindade sua origem e a razão de sua existência, uma vez que não tinha como explicá-las.

4.3.3 *Nietzsche e a morte de Deus*

Friedrich W. Nietzsche nasceu em 1844, na Saxônia, e morreu em 1900, em Röken, cidade onde nasceu. Esse pensador alemão faz parte da **corrente filosófica existencialista** dos séculos XIX e XX. De raízes luteranas, Nietzsche viveu profundamente a situação da Europa de seu tempo, com as incertezas e as profundas crises e, no contexto de seus escritos, apresenta uma significativa crítica contra Deus e a religião, principalmente contra o cristianismo. Para ele, tanto o sentimento religioso quanto a dependência da religião aniquilam aquilo que havia de mais sagrado no ser humano, sua liberdade. Ele continua sendo um dos filósofos mais populares hoje em dia. Essa fama se deve muito às suas teses polêmicas contra os princípios éticos dos filósofos e do cristianismo. Rejeitava as virtudes altruístas e defendia o valor do sentimento de poder.

Segundo Nieto (2004), o filósofo alemão, na obra *Genealogia da moral*, sugere que o conceito de Deus teria sua origem na categoria do medo, "o medo primitivo dos antepassados e do seu poder teria levado gradualmente à transfiguração desses antepassados em deuses" (Nieto, 2004, p. 27). O referido autor relata que Nietzsche não admitia a ideia de um Deus cristão. Para ele, era impossível pensar em um

> *Deus onisciente e onipotente que não se empenha em que as suas intenções sejam compreendidas pelas suas criaturas – poderá por acaso ser um Deus de bondade? Um Deus que, durante milhares de anos, tem permitido que continuem à solta inumeráveis dúvidas e escrúpulos, como se não tivessem importância para a salvação da humanidade, e que, no entanto, anuncia as mais terríveis consequências para todo aquele que interprete mal a sua verdade – não seria um Deus cruel?* (Nieto, 2004, p. 27-28)

Nietzsche defende a autonomia do homem sobre a divindade. Ele não pode se sujeitar aos caprichos de Deus, que age como um tolhedor da liberdade humana. O homem é um ser livre e autônomo e, para que consiga atingir esse estado, deve suprimir de sua existência a presença de Deus. Sob esse ponto de vista, o pensador anuncia a morte de Deus. Convém lembrar que o Deus a que se refere Nietzsche é aquele que castra a liberdade humana. Em *A Gaia Ciência*, o autor declara:

Deus está morto; os nossos corações transbordam de gratidão, de admiração, de pressentimento e de expectativa. O horizonte aparece, finalmente aberto, mais uma vez aberto, mesmo que tenhamos de admitir que não é brilhante; os nossos navios podem, por fim, sair para o mar, enfrentando qualquer perigo; todo o risco está agora ao alcance daquele que for prudente; o mar, o nosso mar, está novamente aberto diante de nós, e talvez nunca tenha existido um mar aberto dessa natureza. (Nietzsche, citado por Nieto, 2004, p. 29)

A morte de Deus, para Nietzsche, é motivo de contentamento, pois, assim sendo, o homem está livre de um determinismo preestabelecido e poderá trilhar seu próprio caminho, definindo seus valores e exercendo sua vontade de poder com plena autonomia. O filósofo alemão, na obra *Assim falou Zaratustra*, destila sua ironia aos crentes, dizendo: "Aconselho-vos, meus irmãos, a manter-vos fiéis à terra e a não acreditar naqueles que vos falam em esperanças para além da terra. Esses homens são envenenadores, quer o saibam, quer não" (Nietzsche citado por Nieto, 2004, p. 30).

Conforme o pensamento do filósofo, o critério da verdade está no aumento da força e do poder. O conceito de Deus é uma criação dos fracos. Nietzsche idealizava o surgimento de um homem poderoso, com características imortais, que não acreditasse em Deus, que fosse forte e prepotente, e não dependesse de ninguém.

Síntese

No quarto capítulo, apresentamos oconceito de religião em um período muito especial da história da humanidade. Ao tratarmos da filosofia da religião, não podemos nos desviar desses três conceitos fundamentais: filosofia, religião e razão. Após estudarmos os pensadores da Idade Média, chegamos ao humanismo e às filosofias críticas. Nesses movimentos, o conceito de religião foi investigado, questionado e purificado. As respostas aos questionamentos sobre a natureza humana, sua origem e finitude, sobre a existência de Deus e seus atributos encontraram, nessas três áreas do conhecimento, um campo fecundo de aprofundamento.

Imergimos na corrente racionalista, que tem como base a supremacia da razão. Tudo o que existe, de acordo com essa corrente, pode ser explicado por um raciocínio lógico. É na razão que se deve confiar exclusivamente, e é por meio dela e de sua capacidade de conhecimento que conseguimos compreender e explicar a realidade.

Adentramos no pensamento humanista, ao final da Idade Média, em que pudemos perceber a valorização do homem, de sua beleza, de sua potencialidade e de sua capacidade de criar manifestada nas artes, na retórica, na filosofia, na história e em outros campos do saber humano.

Em seguida, percebemos o florescimento do Iluminismo, corrente que aspira à independência do saber humano, tolhido pelas amarras da religião e do poder do Estado. Os filósofos dessa corrente afirmavam que a sociedade ideal tinha de ser igualitária e que a felicidade dos homens deveria estar acima de tudo. Aspectos como o mercantilismo, o absolutismo, os monopólios, a desigualdade social, o domínio da religião e a ausência da liberdade de expressão foram duramente criticados por esses pensadores. Os principais iluministas foram Voltaire, Montesquieu e Rousseau.

Em nosso estudo, analisamos o método de Descartes, que está fundamentado em quatro regras básicas a serem observadas: a evidência racional, a análise, a síntese e o controle. Em seguida, vimos David Hume, cujo pensamento aponta para um agnosticismo, ou seja, a noção de que não se pode provar nem negar a existência de Deus. Vimos a compreensão de Kant a respeito da religião, bem como suas conclusões peculiares e inquietadoras: para ele, seria impossível pensar em uma religião que surgisse por revelação divina (como é o caso do cristianismo), e também não era necessário uma divindade redentora (Jesus, por exemplo).

Ao estudarmos o existencialismo, deparamo-nos com o seu principal expoente, Sören Kierkegaard. O foco dessa corrente é o indivíduo e suas atitudes existenciais, bem como a análise da existência ou das situações em que o homem pode encontrar-se: trata-se do primado da existência. O centro da atenção do existencialismo não é o homem como um ser pensante, mas suas atitudes, suas ações e seus sentimentos. Entre os filósofos existencialistas, citamos Sartre, que era ateu. Ele salienta que emerge no ser humano um sentimento de angústia e fragilidade e é sua responsabilidade orientar a própria vida.

Ainda nesse capítulo, vimos o tratamento que Marx dá para a religião: ele a considera alienação. O filósofo alemão vê a religião como imagem de um mundo transtornado. Segundo ele, colocou-se no lugar do homem real, com todos os seus problemas, a essência de um homem abstrato, que recebe da religião um alimento ilusório, ou uma felicidade ilusória, a que Marx chama de "ópio do povo".

Abordamos ainda o pensamento de Ludwig Feuerbach, que postula suas ideias na negação de Deus, por defender que esta é o fundamento para a afirmação do homem, chegando a dizer que "não foi Deus quem criou o homem, mas foi o homem quem criou Deus com a sua própria imaginação" (Feuerbach, citado por Santidrián, 1996, p. 220).

Finalizamos o capítulo com o estudo a respeito de Nietzsche e de sua tese da morte de Deus e da supremacia do homem. Esse inquietante pensador alemão defendeu a autonomia do homem sobre a divindade. Para ele, o homem não pode se sujeitar aos caprichos de Deus, que age como um tolhedor da liberdade humana. Compreendemos, portanto, que Nietzsche, ao negar Deus, tinha, na realidade, a intenção de acabar com a conceituação de divindade que não era libertadora, e sim castradora do potencial humano. Mais uma vez, aparece um conceito de Deus diverso da maneira como experienciada pelos crentes nas mais variadas religiões. Surge, então, a necessidade de um maior aprofundamento e discernimento por parte da filosofia da religião.

Indicações culturais

Documentário

HISTÓRIA da humanidade: o Renascimento, a reforma e o Iluminismo. v. 7. Direção: Sérgio Baldassarini Júnior. Brasil: SBJ Produções, 1994. 30 min.

Esse documentário que aborda o Renascentismo, a Reforma e o Iluminismo faz parte de uma série de vídeos sobre a história da humanidade.

Atividades de autoavaliação

1. O humanismo é uma corrente filosófica que tem como foco o homem e sua potencialidade. Trata-se de uma tentativa de libertação das concepções do período medieval, caracterizado pela obediência intelectual, religiosa e política. Os humanistas deslocaram o foco da reflexão, que estava em Deus e no cosmos, para o homem.

A respeito desse movimento, leia com atenção os enunciados a seguir:

I. O humanismo é uma doutrina filosófica que tem o homem – e não o cosmo – como centro de sua reflexão.
II. O humanismo se expandiu durante a Idade Média.
III. O humanismo surgiu como uma oposição ao pensamento escolástico e assumiu certa independência da religião.
IV. Para o humanismo, o homem deve ser compreendido em sua totalidade; em sua historicidade; no valor humano das letras clássicas; e no reconhecimento de sua naturalidade.
V. O humanismo centra sua atenção na espiritualidade e no aperfeiçoamento da alma humana.

Assinale a alternativa que contém as respostas corretas:
a) I e II.
b) I, III e V.
c) I, III e IV.
d) III e IV.
e) Todas as alternativas anteriores estão corretas.

2. O Iluminismo surgiu no século XVIII, conhecido como o *Século das Luzes*, e foi um movimento intelectual iniciado na Inglaterra por Isaac Newton e John Locke. Os pensadores da corrente influenciaram a organização social e política com suas novas ideias, tomando a razão humana como fonte de todo conhecimento.

Leia com atenção os enunciados a seguir:
I. O Iluminismo abrangia as artes, a literatura, a economia e a política.

II. Os iluministas propunham a democracia como forma de governo, bem como a liberdade econômica, o livre comércio e a supremacia da razão sobre a fé contra a religião, a superstição e o dogmatismo religioso.

III. O Iluminismo desempenhou importante papel no período patrístico.

IV. Os principais pensadores do Iluminismo foram Voltaire, Montesquieu e Rousseau.

V. Os filósofos desse período afirmavam que a sociedade ideal tinha de ser igualitária e a felicidade dos homens deveria estar acima de tudo.

Assinale a alternativa que contém as respostas corretas:
a) IV e V.
b) I, II e III.
c) I, II, IV e V.
d) I, II, III e IV.
e) Todas as alternativas anteriores estão corretas.

3. Nietzsche foi um pensador alemão que fez parte da corrente existencialista e, em seus escritos, apresentou profundas críticas a Deus e à religião – anunciava, inclusive, a morte de Deus.

Leia com atenção os enunciados a seguir:

I. Nietzsche viveu profundamente a situação da Europa de seu tempo e, no contexto de seus escritos, apresentou uma crítica contra Deus e a religião, principalmente contra o cristianismo.

II. Nietzsche nega Deus porque defende a autonomia do homem sobre a divindade. Ele não pode se sujeitar aos caprichos de Deus, que age como um tolhedor da liberdade humana.

III. Nietzsche, de origem católica, quer a morte de Deus porque não teve uma experiência religiosa e não compreendeu a sua importância divina para a vida do homem.

IV. Para Nietzsche, o conceito de Deus teria a sua origem na categoria do medo: "o medo primitivo dos antepassados e do seu poder teria levado gradualmente à transfiguração desses antepassados em deuses" (Nieto, 2004, p. 27).

V. Nietzsche não nega a existência de Deus.

Assinale a alternativa que contém as respostas corretas:
a) I, II, IV e V.
b) I, II, III e IV.
c) I, III.
d) III, IV e V.
e) Todas as alternativas anteriores estão corretas.

4. René Descartes, filósofo francês, foi chamado de *pai da filosofia moderna*. Foi um homem impaciente em busca da verdade e, não a encontrando em seus primeiros estudos, decidiu buscá-la no mundo. Descartes criou um método para se chegar à verdade sem possibilidades de contestação. Esse método contém quatro regras básicas. Assinale a resposta correta:
a) Evidência racional, análise, síntese e controle.
b) Movimento, constatação da causa, princípio da contingência e graus de perfeição.
c) Evidência racional, avaliação sistemática, síntese e controle.
d) Fundamento, análise racional, sistematização e avaliação.
e) Nenhuma das alternativas anteriores está correta.

5. Immanuel Kant nasceu Alemanha em 1724 e morreu em 1804 no mesmo país. Esse pensador foi um dos homens que mais marcaram a filosofia contemporânea. Suas principais obras foram *Crítica da razão prática* e *Crítica da razão pura*.

Leia os enunciados a seguir sobre o pensamento de Kant em relação à religião:

I. Kant questionou e derrubou as tentativas de se provar a existência de Deus por meio da razão e da lógica como fizeram pensadores anteriores.

II. A razão não tem uma forma sensível que lhe permita dar o salto até Deus. A Deus somente chegamos pela fé, não pelo conhecimento.

III. A razão e o raciocínio lógico nos permitem chegar a uma compreensão sobre a existência de Deus.

IV. Para Kant, Deus não existe, é fruto da imaginação e do medo das pessoas.

V. Kant defendia a ideia de que o cristianismo surgiu por revelação divina e que Jesus é o seu redentor.

Assinale a alternativa que contém as respostas corretas:

a) I e V.
b) I, II e III.
c) III e IV.
d) I e II.
e) III, IV e V.

Atividades de aprendizagem

Questões para reflexão

1. Defina racionalismo.

2. Defina existencialismo.

3. Como Marx entendia a religião?

Atividade aplicada: prática

Levando em consideração o que você acabou de estudar neste capítulo sobre as filosofias críticas, tente identificar como essas linhas de pensamento influenciam o dia a dia das pessoas a sua volta. Faça a seguinte pergunta a cinco pessoas de diferentes grupos, que praticam e que não praticam alguma religião: O que você entende por religião?

Em seguida, com base nas respostas, tente identificar qual é o fundamento que embasa essas respostas e se elas têm alguma ligação com a temática estudada.

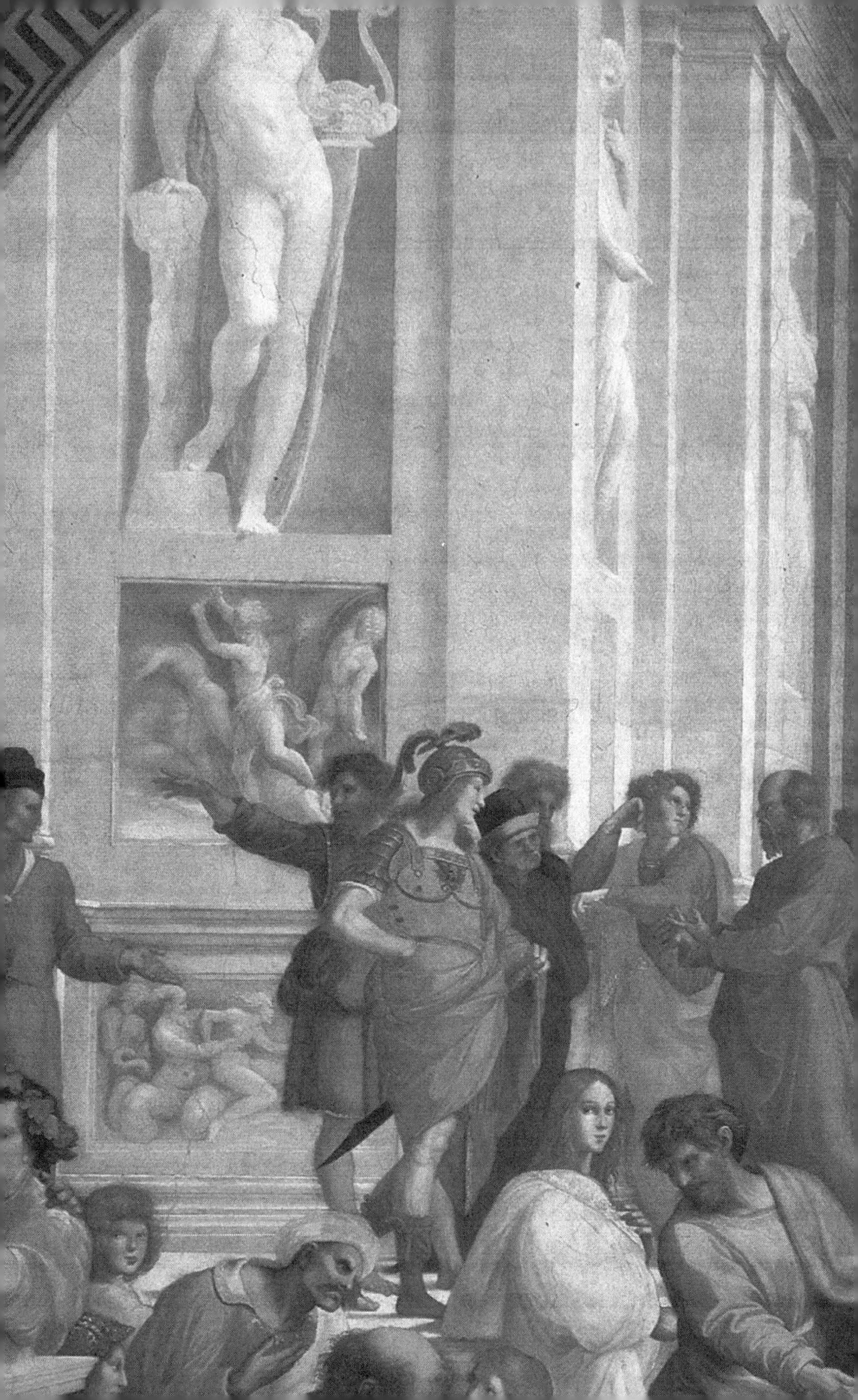

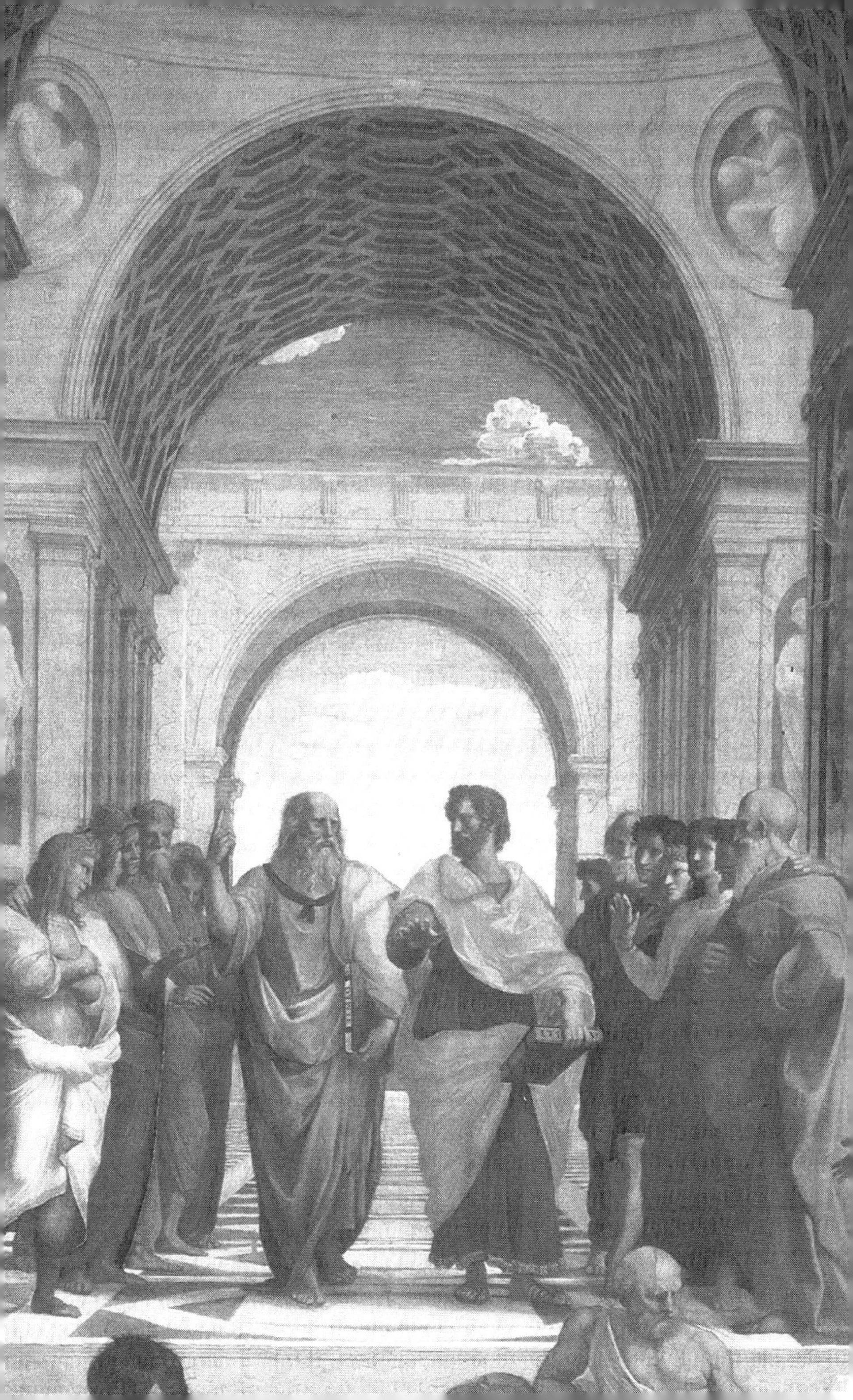

5

O sagrado e o profano

Ao procurarmos conceituar os termos sagrado e profano, devemos compreender que eles são entendidos distintamente pelas diversas religiões em sua história e em seu processo evolutivo. Segundo o sueco Söderblom (citado por Santidrián, 1996, p. 485), "o sagrado, o santo, é um poder de natureza espiritual que o homem descobre em certos lugares, objetos e pessoas, pelo qual se sente na presença de uma realidade sobrenatural". Gaarder, Hellern e Notaker (2001, p. 17) citam também o autor sueco para definir o sagrado, considerando que "religiosa ou piedosa é a pessoa para quem algo é sagrado".

Santidrián (1996), citando Otto, filósofo e teólogo luterano do início do século XX, afirma que o **sagrado** é a dimensão central de todas as religiões e é o que define o ser humano como um ser religioso. Esse filósofo e teólogo apresenta três aspectos na dimensão da sacralidade: "o sagrado numinoso ou misterioso, o sagrado como valor e o sagrado como categoria *a priori*". Quanto ao primeiro aspecto, numinoso ou misterioso, o autor nos remete à majestade divina; *numen* significa poder celestial, inspiração, portanto, impossível de ser definido, porém, possível de ser experimentado ou vivenciado como um fenômeno religioso. O segundo elemento apresenta a dimensão sagrada como um valor em si mesmo, próprio da religião. Já o terceiro nos remete aos princípios anteriores, primeiros, que estão na base da consciência religiosa do indivíduo.

Os autores Gaarder, Hellern e Notaker (2001, p. 17) também citam Otto para definir o sagrado, afirmando que se trata de

uma dimensão especial da existência, a que chama de misterium tremendum et fascinosum (em latim, "mistério tremendo e fascinante"). É uma força que por um lado engendra um sentimento de grande espanto, quase de temor, mas por outro lado tem um poder de atração ao qual é difícil resistir.

Segundo La Brosse, Henri e Rouillard [S.d.], o sagrado tem sua origem latina no vocábulo *sacer*, santo, e pode ser compreendido por três enfoques distintos. O primeiro é da **história das religiões**, que entende que ele "qualifica uma coisa, uma disposição ou um costume considerados intocáveis, exceto por algumas pessoas". Nessa categoria, podemos citar os ritos e cerimônias e, até mesmo, os objetos utilizados para o ritual. O segundo enfoque é o da **filosofia da religião**, que entende o sagrado como "aquilo pelo qual se experimenta um contato com o divino, que suscita simultaneamente admiração e atração, terror e afastamento", portanto, envolve o indivíduo, provocando nele um estado de espírito e uma mudança comportamental. O terceiro enfoque é o da **sociologia da religião**, que reconhece como sagrado "todo o domínio das coisas segregadas e reservadas ao culto".

O estudioso romeno Mircea Eliade (citado por Gaarder; Hellern; Notaker, 2001, p. 18), especialista em religiões, em seu livro *O sagrado e o profano*, define: "Sagrado indica algo que é separado e consagrado; profano denota aquilo que está em frente ou do lado de fora do templo". Eliade relata que só é possível chegar ao conhecimento do sagrado

porque este se manifesta como algo totalmente diferente do profano. Ele chama isso de hierofani, palavra grega que significa, literalmente, "algo sagrado está se revelando para nós". E o que sempre acontece, não importa se o sagrado se manifesta numa pedra, numa árvore ou em Jesus Cristo. (Eliade, citado por Gaarder; Hellern; Notaker, 2001, p. 18)

Assim, sagrado não é só aquilo que está no templo, mas aquilo que foi separado e consagrado para uma ação específica.

Para as três grandes religiões monoteístas, o cristianismo, o judaísmo e o islamismo, o sagrado é tudo aquilo que tem uma proximidade com Deus ou a ele é consagrado por um ritual específico: espaços celebrativos ou de significação especial, objetos de devoção ou próprios de rituais celebrativos, situações e datas específicas, pessoas consagradas ou outros elementos próprios de cada denominação.

Nas religiões tradicionais, animistas e politeístas, o conceito de sagrado se expande conforme as divindades cultuadas, que muitas vezes representam as forças da natureza ou estão associadas a ela. Nesse sentido, o sagrado está presente em muitos ambientes, como a mata, a água, o fogo, o vento, a montanha e assim por diante. Gaarder, Hellern e Notaker (2001, p. 18) nos ajudam a compreender essa dimensão do sagrado afirmando que "Alguém que adora uma pedra não está prestando homenagem à pedra em si. Venera a pedra porque esta é um *hierofani*, ou seja, ela aponta o caminho para algo que é mais do que uma simples pedra: é o sagrado". Portanto, cada religião tem seu universo sagrado, que vai desde um símbolo, um lugar de culto, objetos e forças da natureza até pessoas e divindades. O objeto, a pessoa ou o lugar sagrados servem sinais para apontar o divino, como imagens simbólicas que transcendem o visível e o palpável e apontam para o infinito ou o universo religioso.

Por sua vez, quando falamos em **profano**, estamos nos referindo ao que foge à esfera do ambiente sagrado e da sacralidade. La Brosse, Henri e Rouillard ([S.d.]) definem como profano tudo aquilo que está fora do templo. O adjetivo tem origem latina, *profanus*. Algo profano pode, por sua vez, ser revestido de sacralidade e destinado ao culto ou a cumprir determinada missão. Em algumas situações, o inverso também pode acontecer, ou seja, um objeto sagrado é desprovido de sua sacralidade por um determinado ritual. Para tanto, faz-se necessária uma convenção que assim o determine.

A dicotomia entre sagrado e profano constitui uma das realidades mais importantes presentes no universo religioso, sendo motivo de profunda fraternidade e de violentas discórdias com desfechos muitas vezes trágicos. Violar o que determinado grupo considera como o seu universo sagrado pode ser considerado um grave desrespeito. Você, caro leitor, já deve ter ouvido falar muito sobre esses extremismos. Fundamentalmente, o sagrado e o profano marcam a maneira como nos posicionamos em nosso grupo religioso, na sociedade e no mundo, pois "os modos de ser sagrado e profano dependem das diferentes posições que o homem conquistou no Cosmos e, consequentemente, interessam não só ao filósofo, mas também a todo investigador desejoso de conhecer as dimensões possíveis da existência humana" (Eliade, 1992, p. 20).

5.1
O sagrado na natureza

Ao falarmos de sagrado e profano, deparamo-nos com tudo aquilo que é separado e consagrado à divindade e com toda a outra realidade que está fora do templo ou que não foi consagrada a Deus. Dessa forma, como tratar a natureza ou o mundo criado pela divindade? Sabemos que muitas religiões consideram os elementos da natureza sagrados.

Voltando à gênese do sentimento religioso, deparamo-nos com as forças da natureza que impulsionaram nossos ancestrais a buscarem as primeiras respostas àquelas aspirações mais profundas: O que é isso? De onde vem e, consequentemente, de onde venho? Para que propósito? E assim por diante.

De que modo, então, não entender a natureza como sagrada, como uma mediação para se chegar à divindade? Segundo Eliade (1992, p. 59), para o homem religioso, a natureza tem origem divina, pois nasceu por obra das mãos da divindade, portanto "o mundo fica impregnado de sacralidade". Muitas religiões, principalmente as primitivas, de origem tribal, entendem a natureza como manifestação do sagrado. Religiões atuais, contudo, também consideram a natureza como espaço sagrado – por exemplo, as de matriz africana e indígena, como veremos adiante. O estudioso romeno, especialista do sagrado, afirma:

> *Não se trata somente de uma sacralidade comunicada pelos deuses, como é o caso, por exemplo, de um lugar ou um objeto consagrado por uma presença divina. Os deuses fizeram mais: manifestaram as diferentes modalidades do sagrado na própria estrutura do Mundo e dos fenômenos cósmicos.* (Eliade, 1992, p. 59)

Na concepção indígena, por exemplo, ninguém pode ser dono da terra, pois é um elemento religioso sagrado que pertence a todos e assegura a vida e a sobrevivência da coletividade. A Mãe Terra é a casa desses povos, acolhe e alimenta os filhos com os seus frutos. Há um relacionamento de proximidade e de afeto do indígena com esse elemento sagrado, a terra e tudo o que nela existe. Assim sendo, Deus, segundo a tradição indígena, o Grande Espírito, é o protetor da natureza e determina o seu cuidado. Segundo Schwikart (2001, p. 96), muitas são as religiões indígenas que "cultuam uma força misteriosa que os assiste e protege. É chamada por alguns 'Wakan Tanka' ou 'Grande Espírito'".

Segundo a Assintec (2007, p. 21), para as religiões de matriz africana, tudo está impregnado de **axé**, ou seja, da força vital que a tudo e a todos sustenta:

as raízes, as folhas, o leito dos rios, as pedras, e outros elementos, também possuem Axé. Receber o Axé significa incorporar os elementos simbólicos que representam os princípios vitais de tudo o que existe no mundo visível (Àiyé) e no mundo invisível (Òrun), num processo de expansão permanente.

A concepção da natureza como espaço sagrado traz implicações muito importantes e impactantes para o mundo atual. Apenas como um desdobramento do tema – e com parcialidade –, se a natureza fosse compreendida em sua real sacralidade, isto é, o templo onde habitam o homem e a mulher, criaturas divinas, e o local para o pleno desenvolvimento de suas potencialidades, a natureza não seria tão desprezada, espezinhada e destruída. A religião, nesse caso, seria um excelente fator de proteção.

Notem a incongruência: a natureza, com a sua força inexplicável e poderosa, deu origem às mais profundas inquietações humanas, que resultaram na filosofia e na religião. Essa mesma natureza, maculada pela ganância dos mesmos homens, pode dar origem ao seu extermínio. O ponto de convergência das religiões é a busca do equilíbrio do ser humano com os outros seres, a natureza e a divindade. A ruptura significa morte, o contrário de religião, que, em uma de suas definições, é reatar ou religar.

5.2
Tempo e temporalidade

Santidrián (1996) nos apresenta a compreensão do tempo nas mais variadas denominações religiosas. Na religião egípcia, "procura-se reter ou superar o tempo, recorrendo à magia ritual" (Santidrián, 1996, p. 472). Na concepção budista, o tempo tem suas limitações e entraves e o indivíduo fica preso em um ciclo de sucessivas reencarnações. Segundo o autor,

> para os hebreus o tempo coincide com a criação e com a revelação de Javé ao seu povo. Para o cristianismo, o tempo é Kairós de Deus, o grande momento de Deus para comunicar os seus desígnios aos homens e o âmbito onde se decide a sua salvação. (Santidrián, 1996, p. 472)

SAIBA MAIS **Kairós**: "Termo grego que significa tempo oportuno, oportunidade. Na filosofia grega, significa momento decisivo dentro de uma existência temporal, a *crisis* em que o destino do homem obriga a uma decisão. Para o cristianismo, representa o tempo salvífico, não calculado pelo homem, submetido à disposição de Deus." (Santidrián, 1996, p. 166)

Segundo o *Dicionário de Filosofia* de Japiassú e Marcondes (2008, p. 265), podemos analisar o **tempo** como uma sucessão lógica, "em um sentido genérico, período delimitado por um evento considerado anterior e outro considerado posterior: época histórica; movimento constante e irreversível através do qual o presente se torna passado, e o futuro, presente". Para o universo filosófico, "o tempo, juntamente com o espaço, é considerado um dos elementos constitutivos do real e de nossa forma de experimentá-lo". Por sua vez, quando falamos em **temporalidade**, saímos do universo físico e cronológico e adentramos em uma categoria filosófica de internalização do tempo. Segundo Japiassú e Marcondes, citando Heidegger (2008, p. 265), "o futuro não é posterior ao passado e este não é anterior ao presente. A temporalidade se temporaliza como futuro-que-vai-ao-passado-vindo-ao-presente". A internalização do tempo e das experiências vivenciadas, aliada ao conhecimento e à simbologia, nos proporciona uma rica experiência de temporalidade. Transcendemos o tempo cronológico, internalizamos nossas experiências e nos tornamos senhores do nosso tempo.

O grande personagem da patrística, Santo Agostinho (1966, p. 310), foi um filósofo que vivenciou essa experiência de tempo e temporalidade:

Se existem coisas futuras e passadas, quero saber onde elas estão. Se ainda não o posso compreender, sei todavia que em qualquer parte onde estiverem, aí não são futuras nem pretéritas, mas presentes. Pois, se também aí são futuras, ainda já não estão; e, se nesse lugar são pretéritas, já lá não estão. Por conseguinte, em qualquer parte onde estiverem, quaisquer que elas sejam, não podem existir senão no presente. Ainda que se narrem os acontecimentos verídicos já passados, a memória relata, não os próprios acontecimentos que já decorreram, mas sim as palavras concebidas pelas imagens daqueles fatos, os quais, ao passarem pelos sentidos, gravaram no espírito uma espécie de vestígios. Por conseguinte, a minha infância, que já não existe presentemente, existe no passado que já não é. Porém a sua imagem, quando a evoco e se torna objeto de alguma descrição, vejo-a no tempo presente, porque ainda está na minha memória.

Levando em consideração o que acabamos de expor, distinguindo o tempo cronológico dos conceitos de tempo e temporalidade, entendidos como categorias internalizadas e com significações próprias, podemos dar um passo ao aplicarmos o tempo à religião. A categoria temporal é importante para todas as religiões, pois todas elas têm datas relevantes. No início do presente capítulo, distinguimos o sagrado do profano. Sagrado é tudo aquilo que é separado e consagrado à divindade, e profano é tudo aquilo que está do lado de fora do templo. Portanto, podemos aplicar a mesma distinção para o tempo: existe, para as religiões, o tempo sagrado e o tempo profano (ou tempo comum).

A dimensão do tempo é importante para todas as religiões. As celebrações festivas, os memoriais de eventos significativos, a recordação de passagens sagradas referenciais são, no pensamento de Eliade (1992), uma tentativa de atualizar a experiência religiosa fundante e se tornar contemporâneo dos deuses, isto é, trazer a divindade para a atualidade ou nos colocarmos naquele momento sobrenatural ou mágico específico. O autor acrescenta que

os participantes da festa tornam-se os contemporâneos do acontecimento mítico. Em outras palavras, "saem" de seu tempo histórico – quer dizer, do Tempo constituído pela soma dos eventos profanos, pessoais e intrapessoais – e reúnem-se ao Tempo primordial, que é sempre o mesmo, que pertence à Eternidade. (Eliade, 1992, p. 47)

A temporalidade é fundamental para as religiões, pois marca a sua essência e trata de datas e situações que estão em sua gênese, como é o caso da páscoa cristã e judaica, ou do ramadã islâmico.

5.3
Ritos, festas e símbolos

Basicamente, em todas as manifestações religiosas, encontramos celebrações, cerimônias ou cultos, orações diversas, gestos corporais e devocionários, que são compostos por um conjunto de ações ao qual denominamos *ritual*. Tais cerimônias desempenham papel importante nas religiões, pois seguem um determinado padrão e garantem a sua identidade. Segundo Hellern, Notaker e Gaarder (2001), o conjunto desses ritos assumidos por uma determinada religião é chamado de *culto* ou *liturgia*.

Segundo Santidrián (1996), compreendemos por *rito* um "gesto, ato, fórmula que possui uma eficácia de ordem simbólica ou real". Podemos classificar os ritos em três categorias: "a) Ritos de comportamento: tabu, de purificação, de passagem; b) Ritos mágicos: feitiços, encantamentos que põem em ação forças mágicas; c) Ritos religiosos: oferendas, sacrifícios, preces". Além dos descritos, vários autores nos chamam a atenção sobre os rituais das sociedades secretas, que são capazes de exercer uma força mágica sobre seus membros e, principalmente, sobre os neófitos. Thiollier ([S.d.]) apresenta em seu *Dicionário das religiões* o papel fundamental do rito nessas sociedades secretas, pois eles oferecem uma espécie de delimitação e diferenciação entre os diversos graus.

Os ritos estão presentes em todas as culturas e religiões e têm o papel importante de oferecer determinada influência de transcendência ou magia, por meio de técnicas, dinâmicas e celebrações, objetivando exercer determinado controle sobre as forças da natureza e o que foge a seu mundo cognitivo. Thiollier ([S.d.], p. 309) nos chama a atenção afirmando que "a noção de rito, muito importante, é a de uma força cósmica que cria a ordem ritual e moral. A força dos ritos é um fenômeno religioso que se encontra em certos gestos, como a bênção, prosternação, genuflexão etc.".

Por sua composição, os ritos são formados por um conjunto harmônico de simbologias, manifestações corporais, música e misticismo, que, na maioria das vezes deixam as palavras em segundo plano. Tal conjunto pode provocar no fiel um comportamento místico ou psicológico de satisfação interior. Para muitos fiéis, a vivência dos ritos sagrados é uma forma concreta de vivenciarem a sua fé; para outros, no entanto, os ritos estão ligados a uma determinada fase da vida ou a uma situação existencial específica. Eles podem ser uma manifestação de fé ou a busca de um socorro espiritual diante de uma situação de crise. Destacamos, ainda, a dinamicidade dos rituais: eles podem evoluir conforme a época e as circunstâncias.

Quando dirigimos nosso olhar para as festas, vemos que elas, em sua maioria, se originam em eventos ou manifestações religiosas com foco no sagrado. Segundo Thiollier ([S.d.]), as festas sempre existiram na história da humanidade e têm um papel fundamental na quebra da rotina da vida. O autor destaca, ainda, que as festas muitas vezes apresentam um caráter de rebeldia e descumprimento de normas e leis, migrando do caráter religioso para o profano ou mesclando os dois elementos e definindo seus limites.

Algumas manifestações festivas marcam tão vigorosamente a vida de um povo que podem desencadear uma mudança comportamental expressiva, e definir até mesmo sua própria identidade. Segundo Thiollier ([S.d.]), o carnaval é uma dessas festas que denotam esse poder. De origem cristã, hoje sem nenhum vínculo com a religião, o carnaval agita o comportamento do povo brasileiro, estabelece alguns padrões e determina calendários. O carnaval é o símbolo do empoderamento de uma festividade.

Outro aspecto relevante em nosso estudo se refere aos símbolos religiosos. Eles desempenham um papel de significativo valor no universo religioso. Segundo Ferrater Mora (1964, p. 672-673, tradução nossa), a filosofia nos ajuda na compreensão de seu significado:

> Em sua concepção mais estreita, o símbolo costuma ser entendido como todo sinal que representa algo. Esta representação pode ser direta e indireta – em cujos casos correspondem novamente ao símbolo as características diversas reconhecidas para o sinal. Também costuma variar o significado de 'símbolo' conforme a realidade por

meio da qual se representa o objeto simbolizado; um objeto sensível pode representar uma ideia ou vice-versa; pode haver correspondência analógica entre duas ideias ou entre dois objetos sensíveis.

O termo *símbolo* tem sua origem na palavra grega *symballein*, que significa lançar junto, compor, reunir. Segundo Heinz-Mohr (1994), no mundo antigo, o *symbolon* era um objeto quebrado em duas partes iguais. Esse objeto poderia ser de madeira, de barro ou de outro material qualquer e que deveria ser composto novamente. Amigos, parentes, sócios e fiéis, ao partirem ou até mesmo ao selarem algum contrato, levavam a metade do objeto. Ao se reencontrarem, depois de algum tempo, quando juntavam as duas partes do símbolo, podiam se reconhecer. Portanto, o símbolo separa e une. "Serve de meio de reconhecimento, de proclamação de pertença e de juramento da comunidade que se decompõe e deve de novo unir-se" (Heinz-Mohr, 1994, p. 8). O símbolo, portanto, une duas partes, o humano, com sua percepção do objeto em questão e o que ele representa em si mesmo, e o que pretende representar, no caso, uma manifestação religiosa ou da divindade.

Segundo Jung (citado por Heinz-Mohr, 1994, p. 8), "a palavra ou a imagem é simbólica, se contém mais do que se possa ver à primeira vista". Levando em consideração o exposto, ninguém pode ficar alheio a esse fato ou ignorar o símbolo. Para Chevalier (citado por Heinz-Mohr, 1994), "não apenas vivemos num mundo de símbolos. Um mundo de símbolos também vive em nós". Kaulbach (citado por Heinz-Mohr, 1994, p. 10) corrobora:

assim como é certo que o símbolo é portador e mediador de significado, também é certo que tem a capacidade de ser fantasma, uma configuração pertencente à faculdade simbólica sensível. Designa assim o ponto de encontro entre a lógica e o figurado, o ponto de sua união para formar uma construção unitária, uma autêntica figura: ele representa o meio entre o logos e o figurado.

Quando nos dirigimos ao ambiente sagrado, o símbolo religioso representa a linguagem da comunicação de uma ideia sagrada: vê-se o símbolo, transcende-se a ele e alcança-se o que ele quer representar. O símbolo caracteriza-se pela intenção com que um sujeito ou grupo o utiliza – por exemplo, evocar uma divindade, pedindo-lhe proteção ou identificando-se com ela, como um valor místico, ou responder a uma necessidade, como um valor mágico.

A simbologia está presente em toda a história da humanidade, desde as antigas civilizações até os dias atuais. As tradições religiosas, místicas e filosóficas são as responsáveis pela produção de uma gama infindável de simbolismos. Em quase sua totalidade, era uma prática metodológica de fácil compreensão e com o poder de transmitir doutrinas, ideias, comportamentos e valores sagrados. Essa representação é encontrada nas mais variadas modalidades de expressão, constituindo um verdadeiro tesouro artístico: ícones, imagens, pinturas, esculturas, obras arquitetônicas, músicas, paramentos, elementos da natureza, entre outros.

5.4
Textos sagrados orais e escritos

Um dos ricos elementos para a análise do objeto de estudo da filosofia da religião é, sem nenhuma dúvida, o conjunto de seus textos sagrados. É nos textos sagrados, no conjunto dos escritos doutrinários, legais e celebrativos, que essa área mergulha para estudar, analisar e tirar suas conclusões.

Os textos sagrados garantem a continuidade de um grupo religioso e colaboram para que o conjunto doutrinário seja fielmente difundido às futuras gerações de crentes. Esse conjunto doutrinário, moral e litúrgico representa o legado espiritual e filosófico de uma religião e é transmitido de forma pictórica, escrita ou oral.

Na maioria das vezes, os textos sagrados são apresentados pelas religiões como manifestações de revelações divinas. Em última análise, para elas, foi o próprio Deus quem inspirou tais narrativas. Toda religião tem um corpo doutrinário contendo sua teologia, código, normas, preceitos ou mandamentos e um conjunto de ritos celebrativos.

Os textos revestidos de sacralidade estão presentes na maioria das religiões. Para o hinduísmo, são denominados de *Vedas* ou *Escrituras Védicas*; o cristianismo tem na Bíblia o seu livro sagrado; o conjunto dos escritos sagrados do judaísmo é chamado de *Tanach*; o Corão é o livro sagrado da religião islâmica; para o budismo, temos o Sutra de Lótus e o Pali Tripitaka; e o Kitáb-I-Aqdas da Fé Baháʼí, entre outros.

Para algumas religiões, a sistematização desse conteúdo ocorreu ao longo da história, percorrendo um vasto período de tempo, em diferentes contextos culturais, históricos, filosóficos e geográficos, como para o judaísmo e o cristianismo, recebendo as mais variadas influências. Esses conteúdos foram acolhidos como inspiração divina, transmitidos oralmente e, aos poucos, sistematizados, recebendo formatação escrita. Tais textos foram estudados por religiosos que os elegeram como textos sagrados, passando a constituir seu conjunto de escrituras sagradas ou cânon.

O processo de eleição do cânon de cada religião também foi longo e exigiu um esforço hercúleo, principalmente no caso do judaísmo e do cristianismo, pois se tratava de religiões com um grande número de textos comuns, os livros do Antigo Testamento. Segundo Santidrián (1996, p. 70), "A Bíblia, por exemplo, tem uma estrutura complexa, tanto pela variedade de conteúdos, pela duração e modalidade da sua fixação escrita, como pela pluralidade de línguas, culturas e literaturas que nela se encontram representadas".

O conjunto doutrinal de um segmento religioso explicita o núcleo central de sua fé, ou seja, o objeto da crença. Esse conteúdo, como vimos anteriormente, pode ser transmitido mediante diferentes modalidades: por meio de um texto escrito, de gravuras ou iconografia, da transmissão oral ou de manifestações culturais, como a música e a dança, muito presentes nas culturas indígenas e africanas. Portanto, é de suma importância o conhecimento da simbologia que sustenta e constitui uma cultura religiosa e suas tradições. Tal ação será de grande valia para um estudo mais aprofundado do significado de um texto sagrado ou de outra expressão cultural.

Segundo Eliade (1992), todo rito, mito, crença ou figura divina reflete a experiência do sagrado. O sagrado é um elemento presente na estrutura da consciência humana. Portanto, as escrituras sagradas, para muitas das religiões, assumem características simbólicas do sagrado, com profundo significado espiritual, pois são expressão da revelação divina.

Síntese

O sagrado e o profano foram os temas deste capítulo. Iniciamos nosso estudo apresentando a conceituação de sagrado: algo, alguém ou uma situação separados do mundo e consagrados a Deus. O sagrado está presente em todas as religiões e é a dimensão que define o ser humano como um ser religioso, impactando profundamente em sua existência. Como contrário de sagrado, temos o profano, que se refere a tudo aquilo que está fora do ambiente do templo e que não foi consagrado à divindade. Essa dicotomia entre sagrado e profano marca profundamente a cultura religiosa de um povo, sendo, muitas vezes, motivo de mútua convivência, fraternidade e, em outras situações, causa de disputas, incompreensões e intolerâncias.

Em seguida, procuramos perceber a natureza como espaço sagrado para muitas religiões. Essa compreensão é atestada por Eliade, um estudioso das religiões do século passado, de origem romena. Segundo a concepção de Eliade, para o homem religioso, a natureza tem origem divina, pois nasceu por obra da divindade, estando, portanto, o mundo impregnado de sacralidade.

Continuamos nossa reflexão falando sobre o tempo e a temporalidade: duas características marcantes e presentes na totalidade das religiões. Entre as várias concepções do tempo, Japiassú e Marcondes (2008, p. 265) apresentam-no como uma sucessão lógica: "em um sentido genérico, período delimitado por um evento considerado anterior e outro considerado posterior: época histórica; movimento constante e irreversível através do qual o presente se torna passado, e o futuro, presente". Apresentam-nos também a temporalidade: atualização de uma experiência fundante da religião trazida para os dias atuais e vivenciada pelos crentes.

Outro aspecto que destacamos em nosso estudo relaciona-se aos ritos e rituais, às festas e aos símbolos presentes em todas as culturas e religiões. Os rituais têm o importante papel de oferecer determinada influência de transcendência ou magia, por meio de técnicas, dinâmicas e celebrações, objetivando exercer determinado controle sobre as forças da natureza e sobre o que foge ao seu mundo cognitivo. Associados a eles, encontramos as festas e os símbolos. Quando dirigimos nosso olhar para as festas, vemos que elas, em sua maioria, se originam em eventos ou manifestações religiosas e com foco no sagrado. Os símbolos, por sua vez, são compreendidos como todo sinal que representa algo, direta ou indiretamente, pois eles nos remetem a um significado que transcende o que ele é de fato.

Finalizamos este capítulo falando sobre os textos sagrados, presentes em todas as religiões nas mais variadas formas – escrita, oral, pictórica, arquitetônica, ritual, entre outras –, constituindo um dos ricos elementos para a análise do objeto de estudo da filosofia da religião. É nos textos sagrados, no conjunto dos escritos doutrinários, legais e celebrativos que essa área mergulha para estudar, analisar e tecer suas possíveis comparações e conclusões.

Indicações culturais

Vídeo

CÍRIO 2007: a Corda – entre o sagrado e o profano. Disponível em: <https://www.youtube.com/watch?v=Hf1rnhZj5kY>. Acesso em: 16 dez. 2016.

Breve vídeo sobre uma das festas religiosas e populares mais famosas do Brasil, o Círio de Nazaré: um misto de religiosidade, festa e curiosidades. As imagens são da passagem da famosa corda que acompanha a transladação da imagem da Senhora de Nazaré.

Atividades de autoavaliação

1. Neste capítulo, estudamos o sagrado e o profano. O sagrado significa o ato de sagrar. Segundo o que afirma Söderblom (citado por Santidrián, 1996), "o sagrado, o santo, é um poder de natureza espiritual que o homem descobre em certos lugares, objetos e pessoas, pelo qual se sente na presença de uma realidade sobrenatural".

   Leia com atenção os enunciados a seguir:

   I. O sagrado estabelece a ponte entre o sensível e o transcendental, portanto, sempre está ligado à dimensão religiosa.
   II. A palavra *sagrado* significa a arte de sagrar.
   III. O sagrado pode se referir a lugares, pessoas, objetos e festas.
   IV. Sagrado é só o que está no templo. Aspectos profanos não podem ser sacralizados.
   V. "Sagrado indica algo que é separado e consagrado; profano denota aquilo que está em frente ou do lado de fora do templo" (Eliade, citado por Gaarder; Hellern; Notaker, 2001, p. 18).

   Assinale a alternativa que contém as respostas corretas:
   a) I, II e III.
   b) I, II, III e V.
   c) III, IV e V.
   d) Todas as alternativas anteriores estão corretas.
   e) Nenhuma das alternativas anteriores está correta.

2. Vimos que o sagrado e o profano estão muito presentes em todas as religiões. Ao falarmos de sagrado e profano, deparamo-nos com tudo aquilo que é separado e consagrado à divindade e com toda a outra realidade que está fora do templo ou que não foi consagrada

a Deus. Uma das temáticas importantes está relacionada à questão da natureza e à compreensão que as religiões têm dela.

Leia com atenção os enunciados a seguir:

I. Segundo Eliade, para o homem religioso, a natureza tem origem divina, pois nasceu por obra da divindade, portanto, "o mundo fica impregnado de sacralidade".

II. As religiões de matriz africana e indígena consideram a natureza como sagrada.

III. A natureza não é sagrada porque está fora do templo.

IV. A natureza com sua força inexplicável e poderosa deu origem às mais profundas inquietações humanas, resultando na filosofia e na religião. Essa mesma natureza, maculada pela ganância dos mesmos homens, pode dar origem a seu extermínio.

V. Devemos considerar como sagrado apenas aquilo que foi consagrado para a divindade.

Assinale a alternativa que contém as respostas corretas:
a) II e III.
b) I, II e V.
c) I, II, IV.
d) III e V.
e) IV e V.

3. Como vimos em nosso estudo, praticamente em todas as manifestações religiosas encontramos celebrações, cerimônias ou cultos, orações diversas, gestos corporais, devocionários que compõem um conjunto de ações ao qual denominamos de ritual. O rito é um "gesto, ato, fórmula que possui uma eficácia de ordem simbólica ou real" (Santidrián, 1996).

Podemos classificar os ritos em três categorias. Quais são elas?

a) Ritos celebrativos; ritos religiosos; ritos festivos.

b) Ritos africanos; ritos indígenas; ritos católicos.

c) Ritos de nascimento, como o batismo; ritos para entrar na vida adulta; ritos de passagem, ou seja, após a morte.

d) Ritos de comportamento: tabu, de purificação, de passagem; ritos mágicos: feitiços, encantamentos que põem em ação forças mágicas; ritos religiosos: oferendas, sacrifícios, preces.

e) Ritos litúrgicos ou sagrados; ritos profanos ou festivos; ritos mágicos.

4. Considerando que os ritos estão presentes em todas as culturas e religiões e que eles têm um papel importante – o de oferecer determinada influência de transcendência ou magia, por meio de técnicas, dinâmicas e celebrações, com o objetivo de exercer determinado controle sobre as forças da natureza e o que foge ao mundo cognitivo –, leia com atenção as afirmações a seguir:

   I. Os ritos, por sua composição, são formados por um conjunto harmônico de simbologias, manifestações corporais, música e misticismo, que, na maioria das vezes, deixam as palavras em segundo plano.

   II. A força dos ritos é um fenômeno religioso que se encontra em certos gestos, como a bênção, a prosternação e a genuflexão.

   III. Para muitos fiéis, a vivência dos ritos sagrados é uma forma concreta de vivenciarem sua fé.

   IV. Ao conjunto de ritos denominamos *ritual*.

   V. O rito exerce um papel secundário no dia a dia das religiões.

Assinale a alternativa que contém as respostas **incorretas**:
a) V.
b) IV.
c) I e II.
d) II.
e) III e IV.

5. Um dos ricos elementos para a análise do objeto de estudo da filosofia da religião é, sem nenhuma dúvida, o conjunto de textos sagrados.

Leia com atenção os enunciados a seguir:

I. Os textos sagrados, ou seja, o conjunto dos escritos doutrinários, legais e celebrativos, são fontes de estudo e de pesquisa da filosofia da religião.
II. Os textos sagrados podem ser transmitidos de forma oral ou escrita.
III. Os textos sagrados não têm inspiração divina e não garantem a continuidade de uma comunidade religiosa.
IV. A arte também é um meio de transmissão dos textos sagrados.
V. Os conteúdos sagrados podem ser transmitidos mediante diferentes modalidades: textos escritos, gravuras, iconografia, transmissão oral ou manifestações culturais, como a música e a dança, muito presentes nas culturas indígenas e africanas.

Assinale a alternativa que contém as respostas corretas:
a) I, II e III.
b) I, II, III e V.
c) II e V.
d) I, II, IV e V.
e) Todas as alternativas anteriores estão corretas.

Atividades de aprendizagem

Questões para reflexão

1. Distinga tempo e temporalidade e responda por que a temporalidade é importante para o universo religioso.

2. Por que os textos sagrados e o conjunto de textos de uma determinada religião são importantes para a filosofia da religião?

3. Defina o que é símbolo.

Atividade aplicada: prática

Organize um grupo de estudos e visite ao menos duas denominações religiosas distintas, observando:

- as celebrações, os ritos e os rituais;
- a utilização do universo simbólico;
- o comportamento dos fiéis.

Em seguida, reflitam sobre os resultados obtidos, comparando-os com os conteúdos estudados neste capítulo.

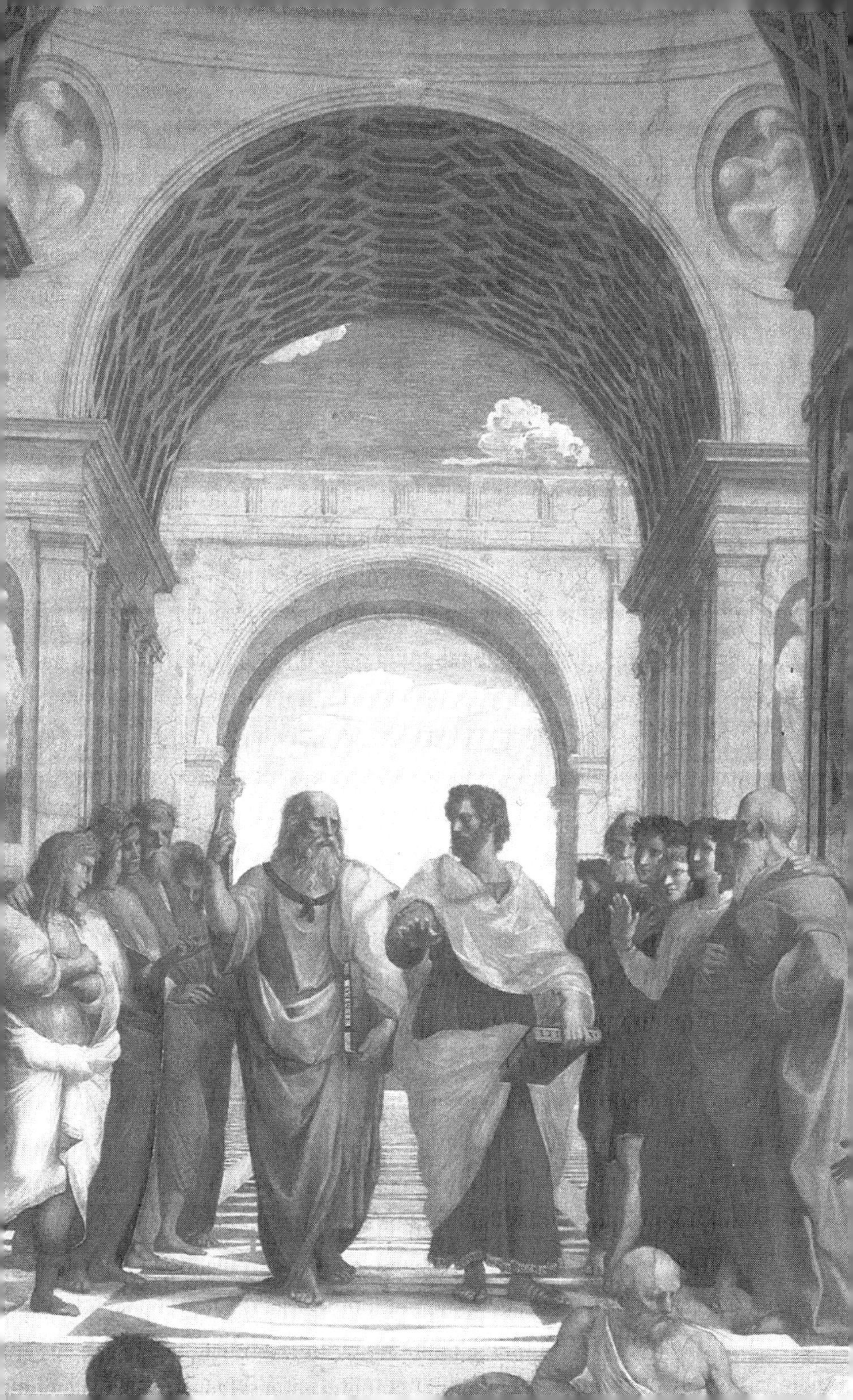

*As matrizes religiosas
na formação do
povo brasileiro*

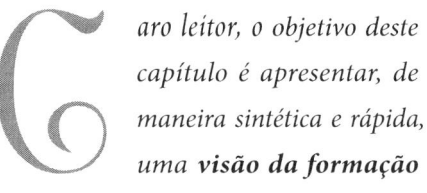

Caro leitor, o objetivo deste capítulo é apresentar, de maneira sintética e rápida, uma **visão da formação cultural e religiosa no Brasil**, não nos atendo, contudo, às questões históricas ou sociológicas. Como vimos no primeiro capítulo da presente obra, o objetivo da filosofia da religião como uma área de conhecimento é, por meio de um saber crítico e investigativo, oferecer ferramentas de abordagem e de entendimento da compreensão da influência da religião no tecido social e de seus impactos éticos, sociais e culturais; estabelecer pontos convergentes e divergentes; e perceber o entendimento de divindade e dos demais aspectos que envolvem o universo religioso.

É comum ouvirmos a afirmação de que o Brasil é o que é em virtude de sua enorme riqueza cultural, étnica, social e religiosa. A formação do tecido social brasileiro é a **somatória das mais variadas culturas**: primeiro a original, a **indígena nativa** de nosso território; em seguida a cultura **branca europeia**; depois a negra, trazida forçadamente e escravizada. A elas, posterior e gradativamente, somaram-se inúmeros outros povos de todos os cantos do planeta, com as suas diferentes formas de compreensão do sagrado. O documento *Diversidade religiosa e direitos humanos*, da Secretaria Especial dos Direitos Humanos, de 2004, destaca que "A pluralidade, construída por várias raças, culturas, religiões, permite que todos sejam iguais, cada um com suas diferenças. É o que faz do Brasil, Brasil" (Brasil, 2004, p. 6).

A filosofia da religião nos permite compreender de maneira mais aprofundada esse fenômeno do pluralismo cultural, étnico e religioso brasileiro e suas implicações. Destacamos, todavia, que a sedimentação desse processo nem sempre foi serena. Picos conflitivos pontuais nunca deixaram de existir. Tensões se manifestam tanto nos espaços celebrativos, nos meios de comunicação e na vivência cotidiana quanto na própria abordagem proselitista de alguns segmentos. No entanto, a capacidade de absorção e compreensão do povo brasileiro sempre prevaleceu. O Brasil é plural e está comprometido com o processo de respeitar e compreender o diferente apesar das dificuldades existentes.

Um exemplo concreto é o olhar e a audição mais apurados sobre fatos envolvendo religiões no Brasil e no mundo. Com certeza você já ouviu falar em terreiros de umbanda ou candomblé sendo invadidos; imagens religiosas sendo quebradas; ritos celebrativos sendo ridicularizados em programas religiosos veiculados na televisão; sítios arqueológicos sendo explodidos; homens-bomba se detonando em espaços sagrados e sendo considerados mártires de uma causa, entre tantos outros fatos.

Uma reflexão superficial sobre esses episódios pode fazer com que pareçam simples casos de intolerância religiosa ou, até mesmo, de polícia, porém, se pararmos para aprofundar a temática e entrarmos na raiz do problema, vamos nos deparar com a essência da questão, com as ideologias que estão por trás dos acontecimentos e as suas implicações e reflexos para a sociedade como um todo. Ao adentrar o âmago dessas questões, estaremos, sem nenhuma dúvida, praticando filosofia da religião.

O ponto de referência dessa abordagem será o conteúdo proposto pela Associação Inter-Religiosa de Educação (Assintec), com os seus mais de quarenta anos de experiência nessa área do conhecimento, que prepara professores para o ensino religioso não confessional. A entidade congrega representantes de mais de vinte religiões, representativas das matrizes religiosas ocidental, oriental, nativa e afro-brasileira e é assessorada por uma equipe pedagógica composta por professores das redes municipal e estadual de ensino.

Ao refletirmos sobre as diversas matrizes religiosas no processo de formação do tecido social, cultural e religioso do povo brasileiro, devemos, em primeiro lugar, levar em consideração que o ser humano é um ser essencialmente religioso: o sentimento de transcendência está presente em todo ser humano.

Definir as matrizes religiosas não é tarefa fácil. Igualmente difícil é identificar quantas elas são ou qual metodologia usaremos para agrupá-las. Quando falamos em matriz, aqui, nos referimos à raiz, às suas origens, ao tronco principal de um determinado segmento assumido como objeto de estudo e a sua gênese. Ao falarmos de matrizes religiosas, queremos nos referir aos diversos segmentos religiosos, agrupados por sua gênese, semelhança, história, geografia e culturas envolvidas.

São várias as tentativas de classificação das religiões. Elas podem ser estudadas, conforme mencionamos, por sua abrangência, geografia, origem comum ou outros aspectos convergentes. Vejamos, a título de conhecimento, três perspectivas de classificação das grandes religiões mundiais. A primeira é a apresentada por Hans Küng, teólogo e pesquisador suíço, descrita na obra *Religiões do mundo: em busca de pontos comuns*, de 2004. O autor inicia sua produção afirmando: "Misterioso e imenso, assim nos parece este mundo das religiões" (Küng, 2004, p. 15). Esse teólogo distingue três grandes correntes religiosas presentes em nosso mundo: "as religiões originárias da Índia: hinduísmo e budismo; as religiões originárias da China: confucionismo e taoísmo e as religiões originárias do Oriente Médio: judaísmo, cristianismo e islamismo" (Küng, 2004, p. 15). Acrescenta a esses grupos, ainda, as religiões nativas, territoriais ou nacionais.

É interessante destacar que Küng (2004, p. 15) qualifica esses três grandes grupos de religiões da seguinte maneira:

para as primeiras, a figura chave é o místico; para as segundas, o sábio; para as terceiras, o profeta. Por isso, apesar de todas as coincidências e intersecções, podemos fazer distinção entre religiões indiano-místicas, religiões chino-sapienciais e religiões semítico-proféticas. A estas, acrescentam-se as religiões tribais que – praticamente sem dispor de textos escritos – constituem, de certa forma, o terreno onde todas as religiões estão enraizadas, e que, ao mesmo tempo, continuam a existir nas várias regiões do mundo.

A segunda perspectiva de classificação religiosa que gostaríamos de relatar é a apresentada pelos autores Gaarder, Hellern e Notaker, na obra *O livro das religiões*, de 2001. Os autores apresentam uma primeira abordagem distinguindo as religiões em três categorias: *religiões primais*, também chamadas de primitivas; *religiões nacionais*; e *religiões mundiais*.

As religiões nacionais incluem *grande número de religiões históricas que não são mais praticadas: germânica, grega, egípcia e assírio-babilônica. Hoje podemos encontrar vestígios delas, por exemplo, no xintoísmo japonês.*

É típico das religiões nacionais adotar o politeísmo, uma série de deuses organizados num sistema de hierarquia e funções especializadas. (Gaarder; Hellern; Notaker, 2001, p. 38)

Já, as religiões mundiais, segundo os autores,

pretendem ter uma validade mundial, ou, em outras palavras, uma validade para todas as pessoas. São PARA TODOS. *São conhecidas também como* RELIGIÕES UNIVERSAIS.

[...]

Já houve muitas tentativas de classificar as religiões mundiais em orientais e ocidentais. Consideram-se ocidentais o judaísmo, o islã e o cristianismo, enquanto as principais religiões orientais são o hinduísmo, o budismo e o taoísmo. (Gaarder; Hellern; Notaker, 2001, p. 38-39, grifo do original)

Em nosso estudo, assumiremos a classificação adotada como senso comum em nosso meio, ou seja, as quatro grandes matrizes religiosas que formam o tecido cultural, étnico e religioso do Brasil: as tradições religiosas ocidentais; as tradições religiosas orientais; as tradições religiosas nativas e as tradições religiosas afro-brasileiras. Essa classificação, contudo, não é uma norma rígida, podendo variar, ser desmembrada ou obedecer a outros critérios.

6.1
Tradições religiosas ocidentais

Compreendem-se por religiões ocidentais aquelas que tiveram sua origem ou se desenvolveram no Ocidente. As principais religiões ocidentais têm como característica comum o monoteísmo e o local de origem no Oriente Médio. Para Gaarder, Hellern e Notaker (2001, p. 39), "consideram-se ocidentais o judaísmo, o islã e o cristianismo", como já mencionado. Essas manifestações religiosas também são denominadas *religiões universais*, isto é, elas pretendem ter uma validade universal, para todas as pessoas do mundo. Assim sendo, assumem caráter expansionista, possuindo, algumas delas, caráter de missão muito determinante. Os referidos autores assim apresentam essas denominações religiosas:

> *A principal característica das religiões universais surgidas no Oriente Médio é o monoteísmo: elas têm um só Deus. Dá-se grande peso à relação do indivíduo com Deus e à sua salvação. O papel do sacrifício é bem menos proeminente nelas do que nas religiões nacionais, ao passo que o da oração e da meditação é mais importante. As religiões universais foram criadas por profetas fundadores cujos nomes são conhecidos: Moisés, Buda, Lao-Tse, Jesus, Maomé.* (Gaarder; Hellern; Notaker, 2001, p. 38-39)

Os autores citados também apresentam a caminhada evolutiva dessas religiões universais, suas crises e sua consequente purificação durante a história. Esse processo nem sempre foi tranquilo e, em muitos casos, deu origem a desdobramentos e ao surgimento de ramificações religiosas independentes. Manifestações religiosas mundiais ou universais podem dar origem a religiões nacionais:

> *Por último, devemos ressaltar que os limites entre esses três tipos de religião são fluidos. As religiões nacionais muitas vezes constituem evoluções que acompanharam o desenvolvimento geral da sociedade (ao passar de uma sociedade tribal para um*

Estado nacional). Assim também, certas religiões mundiais emergiram de religiões nacionais, como um protesto contra determinados aspectos de seu culto e de suas concepções religiosas. (Gaarder; Hellern; Notaker, 2001, p. 39)

Percebe-se hoje um **pluralismo religioso** expressivo nas religiões ocidentais, sobretudo no cristianismo e em algumas derivações do islamismo. O cristianismo passou por inúmeras rupturas, iniciadas no século XI, com o surgimento das denominações cristãs orientais e, no século XVI, com o surgimento de vários segmentos religiosos originados da Reforma, entre eles as denominações cristãs nacionais. Outros movimentos religiosos apareceram no final do século XIX e início do século XX, porém o grande fenômeno das sucessivas rupturas cristãs aconteceu com o advento do movimento neopentecostal e a emergência do subjetivismo religioso, tema já mencionado em nosso estudo.

> **SAIBA MAIS**
> **Reforma**: Movimento religioso surgido na Europa, ao final da Idade Média, na primeira metade do século XVI, que deu origem a uma grande cisão no cristianismo, denominada *protestantismo*, e resultou no surgimento de inúmeras denominações religiosas. Seus principais expoentes foram Lutero, Calvino e Ulrico Zuínglio.

No universo das religiões ocidentais, outras denominações, mesclando características de várias matrizes religiosas e filosofias de vida, apareceram e estão presentes no Brasil, e timidamente em outros países, entre elas, o espiritismo, a legião da boa vontade e a religião de Deus. Contudo, quando nos atemos apenas ao campo do cristianismo, não podemos olvidar o florescimento surpreendente das igrejas emergentes, originárias do pentecostalismo e neopentecostalismo.

SAIBA MAIS

Pentecostalismo: Movimento religioso surgido nos Estados Unido da América no final do século XIX, que deu origem a inúmeras denominações religiosas cristãs. Caracteriza-se pelo culto livre e pela crença na força do Espírito Santo, que dota as pessoas de dons e carismas manifestados nos cultos religiosos. Chegou ao Brasil no início do século XX e, depois da década de 1970, assumiu nova conotação, denominada *neopentecostalismo*, que tem como foco as emoções, a cura e a teologia da prosperidade.

Algumas características comuns existentes nas religiões ocidentais são apresentadas por Gaarder, Hellern e Notaker (2001):

- a visão linear da história – diferentemente das orientais, que têm uma visão cíclica dela;
- o conceito monoteísta de Deus, ou seja, a crença em um único Deus;
- o fato de Deus ser criador e onipotente e de os homens e mulheres, criaturas suas, serem totalmente dependentes dele;
- a salvação das pessoas depende das atitudes humanas e do seu relacionamento com a divindade;
- o conceito de vida além da morte, salvação ou condenação;
- um conjunto de normas, leis ou mandamentos a serem observados;
- o núcleo do relacionamento com a divindade está na oração e no culto divino ou celebração.

Além de as três grandes religiões universais terem surgido no Oriente Médio e serem monoteístas, são também denominadas "abraâmicas", por sua fé no Deus Único, que teria se revelado ao primeiro dos patriarcas bíblicos: Abraão (c. 1800 a. C)" (Gaarder; Hellern; Notaker, 2001, p. 105).

Apesar de terem origem comum, as três religiões são totalmente distintas entre si, e o cristianismo e o islamismo se difundiram muito mais do que o judaísmo e são, hoje, as duas religiões com o maior número de adeptos em todo o mundo.

Percebe-se que o cristianismo desenvolveu-se em grande parte no Ocidente, sobretudo na Europa e nas Américas, com penetração na África, na Ásia e na Oceania. Já o islamismo está profundamente ligado à cultura árabe e presente fortemente nos países do Oriente Médio e África árabe. Ao contrário do que muitos pensam, a maioria dos adeptos do islamismo não é árabe. Essa religião difundiu-se amplamente na Ásia, continente que hoje abriga a maior parte de seus adeptos.

O judaísmo, por sua vez, manteve-se identificado como a religião dos judeus e com o Estado de Israel, atingindo os que estão nesse país e os que estão dispersos pelo mundo – de maneira particular, nos Estados Unidos da América. Profundamente ligado à etnia, o judaísmo hoje se abre e inclui também os cônjuges que não são de origem judaica.

Estudar o Brasil em uma perspectiva da filosofia da religião parece ser uma tarefa hercúlea, pois formamos um povo cuja identidade cultural, étnica e religiosa tem traços incontáveis e facetas variáveis. Em um curto espaço de tempo, o país perdeu sua identidade religiosa homogênea e teve que aprender a lidar e a conviver com o diferente – muitas vezes confrontado em sua forma de crer e, em outras situações, tendo de romper com costumes, tradições, conceitos e filosofia de vida. Esse choque cultural e religioso foi responsável por provocar união e separação. O povo brasileiro foi levado a vivenciar as mais profundas e diversas experiências da manifestação do sagrado em seus ambientes de trabalho, de lazer, familiar e comunitário.

6.2
Tradições religiosas orientais

As tradições religiosas orientais surgiram ou se desenvolveram no Oriente ou no Extremo Oriente. Voltamos à distinção dos estudiosos Gaarder, Hellern e Notaker (2001, p. 39), que assim identificaram as principais religiões orientais: "Consideram-se ocidentais o judaísmo, o islã e o cristianismo, enquanto as principais religiões orientais são o hinduísmo, o budismo e o taoísmo". A essas denominações podemos acrescentar o confucionismo, o xintoísmo, o bramanismo – mais tarde chamado de *hinduísmo* –, a Fé Baháʼí, o krishna, e muitas outras denominações religiosas e filosofias místicas ou de vida surgidas posteriormente, como a seicho-no-iê.

As religiões de origem oriental apresentam alguns aspectos comuns, entre eles podemos destacar a visão cíclica da história, que vai se repetindo sempre, em um ciclo eterno e assim "o mundo dura de eternidade em eternidade [...]. O divino está presente em tudo. Ele se manifesta em muitas divindades (politeísmo), ou como uma força impessoal que permeia tudo e a todos (panteísmo)" (Gaarder; Hellern; Notaker, 2001, p. 40). A união com a divindade pode ser conseguida por meio do conhecimento ou de uma experiência de iluminação interior.

> **SAIBA MAIS**
>
> **Panteísmo**: "Concepção filosófica, segundo a qual o mundo é deus: Deus e a natureza se identificam. – Do grego 'pan' + 'theos' = tudo é deus." (Schwikart, 2001, p. 82)
>
> **Politeísmo**: "Crença em muitos deuses. Exemplos: *Religião egípcia*, *Religião romana*, *Religião grega*, *Religião nórdica*, *Religião germânica*, *Hinduísmo*. – Do grego 'polys' = muito, e 'theós' = Deus." (Schwikart, 2001, p. 86, grifo do original)

Para as religiões orientais, a salvação acontece com a libertação do ciclo das constantes reencarnações até a **plena purificação** e, para que isso aconteça, o fiel necessita fazer penitência e crescer no conhecimento místico. Essas religiões pregam a fuga do mundo e a pacificidade, entendida como vivência de paz, por esse motivo, florescem entre elas a vida monástica de recolhimento e de oração. Em seus cultos, rituais e celebrações, prevalecem a oração, os mantras, o incenso, os sacrifícios e os exercícios de meditação.

> **SAIBA MAIS** **Mantra**: "No Hinduísmo e no Budismo, fórmulas que se pronunciam para se chegar ao repouso e à concentração. Om. – Do antigo hindu = fórmula, palavra mágica" (Schwikart, 2001, p. 68).

Quanto à origem das religiões orientais, podemos assim classificar: religiões originárias da Índia e religiões originárias do Extremo Oriente.

São duas as principais religiões surgidas na Índia: o hinduísmo e o budismo.

A maior delas é o hinduísmo, palavra que significa *indiano*. O budismo, originário do norte da Índia, contudo, não tem muitos adeptos na região, mas se disseminou por outras nações. Vale recordar o surgimento do budismo tibetano, próprio da região do Tibet, território localizado ao norte da Índia e ocupado pela China, que o reivindica como seu.

O **hinduísmo**, religião principal da Índia, não é homogêneo. Existem variantes nas crenças e nas formas de celebrar o culto. Nos vários segmentos do hinduísmo, as castas, a compreensão da vaca como animal sagrado e a ideia do carma (soma das boas e más ações da pessoa, que podem resultar na reencarnação) são elementos comuns. Convém recordar que esse país possui a estratificação em castas: os sacerdotes ou brâmanes; os guerreiros; os agricultores, os comerciantes, os artesãos e, a última, os servos. A vaca é considerada sagrada porque é o símbolo da fecundidade e da fertilidade, concepção herdada dos antigos e consta nos hinos vedas. A palavra *veda* significa conhecimento e marca um período da história que se inicia em 1500 a.C. e se prolonga até 500 a.C. No que se refere ao carma, segundo Gaarder, Hellern e Notaker (2001, p. 46), "um hinduísta acredita que, depois da morte de um indivíduo, sua alma renasce numa nova criatura vivente. Pode renascer numa casta mais alta ou mais baixa, ou pode passar a habitar um animal". Segundo o pensamento hinduísta, a alma não morre e nem envelhece, e todas as ações podem reaparecer após a morte.

Há uma ordem inexorável nesse ciclo que vai de uma existência a outra. O impulso por trás dela, ou que a mantém sempre em movimento, é o karma do homem, palavra sânscrita que significa "ato". Porém, nesse caso, ato se refere a pensamentos, palavras e sentimentos, não apenas a ações físicas. (Gaarder; Hellern; Notaker, 2001, p. 46)

Convém recordar que o hinduísmo é uma religião politeísta cujos principais deuses são: Vishnu, Rama, Krishna, Shiva e Brahma. Existem, igualmente, nessa religião a presença de deusas como Kali, a Deusa Mãe ou a Rainha no Universo. A divindade oficial da Índia é a Mãe Índia ou Bhárata Mata. Existem, também, muitas outras divindades secundárias.

Quanto ao **budismo**, seu fundador foi Sidarta Gautama (560 a.C.-480 a.C.). De família nobre, depois de esbanjar sua vida em vaidades, acabou assumindo um estado ascético, isto é, de esforço e de sacrifício, em busca da iluminação, o que conseguiu aos 35 anos de idade, sentado sob uma figueira às margens de um afluente do Ganges. Ali se tornou um buda, ou seja, um iluminado. Alguns definem esse estado como **nirvana**, isto é, verdade suprema. Essa verdade era uma resposta a alguns aspectos negativos ou estados de alma: "Tudo o que existe no mundo é (a) sem autonomia, (b) transitório, e, em consequência, (c) pleno de sofrimento. Assim, ele [Buda] não via esperança enquanto o homem estivesse preso nesse ciclo" (Gaarder; Hellern; Notaker, 2001, p. 64). A doutrina budista ensina que

> existe algo eterno, algo fora do sofrimento. O budista chama a isso de NIRVANA. Essa palavra significa, na verdade, "apagar", uma referência ao fato de que o desejo "se extingue" quando se atinge o nirvana. A imagem representa o desejo como uma chama que se apaga quando o combustível termina – o combustível é a luxúria humana, o ódio e a ilusão. (Gaarder; Hellern; Notaker, 2001, p. 64, grifo do original)

Hoje, o budismo está difundido amplamente fora da Índia e tem duas correntes: a Theravada, que significa *a escola dos antigos*, difundida no Sul da Ásia – Birmânia, Tailândia, Sri Lanka, Laos e Camboja –, e a Mahayana, denominada *o grande veículo*, presente ao Norte da Ásia – China, Japão, Mongólia, Tibet, Coreia e Vietnã.

Além dessas religiões que emergiram na Índia, apresentamos alguns outros segmentos surgidos no Extremo Oriente: o confucionismo, o taoísmo, o xintoísmo e o tenri-kyo.

Em um breve olhar sobre o **confucionismo**, vemos que é um misto de filosofia de vida e de religião; um conjunto de pensamentos, regras e rituais sociais desenvolvidos pelo filósofo Confúcio. O confucionismo era uma religião praticada pela elite e pelas classes dominantes até o final do império chinês, em 1911. Essa religião não se expandiu em meio à população.

O **taoísmo**, segundo os pesquisadores da religião Gaarder, Hellern e Notaker (2001, p. 86), "se baseia num livro chamado Tao Te Ching, O livro do Tao e do Te. Tao (ordem do mundo) e te (força vital) são antigos conceitos chineses aos quais Confúcio deu uma interpretação um pouco diferente". O tao, portanto, representa a suprema ordem do universo. O taoísmo encontrou maior ressonância e difundiu-se mais entre a população em virtude de suas características de magia.

O **xintoísmo** é conhecido como a antiga religião oficial do Japão, porém, a partir do ano 500 d.C., sofreu grandes impactos do budismo, resultando em uma mútua influência. Segundo os pesquisadores citados, no Japão não existe uma filiação religiosa rígida: as pessoas transitam livremente entre várias religiões, participando de seus cultos e rituais. O xintoísmo entra na categoria de uma religião nacional, não tem um fundador e adota costumes e características de várias outras denominações religiosas.

O **tenri-kyo** é uma religião recente, surgida no século XIX, com origens no taoísmo. Fundada por uma mulher chamada Miki Nakayama, que recebeu revelações do deus Oya-gami. Segundo sua doutrina, é uma religião monoteísta e a divindade é considerada como o único deus verdadeiro criador de tudo. Seu objetivo é levar o bem-estar a todas as pessoas por meio da bênção do rito cultual. Sua ideologia é de caráter missionário e busca expansão na Ásia e nas Américas.

Embora essas religiosidades e ideologias tenham como sua origem o Oriente e o Extremo Oriente, elas possuem um elevado grau de penetração nas sociedades ocidentais, dado o caráter místico e muitas vezes mágico de seus cultos. Em nossos estudos de filosofia da religião, podemos perceber o fascínio que essas religiões exercem principalmente sobre os jovens.

6.3
Tradições religiosas afro-brasileiras

As *religiões denominadas afro-brasileiras* são muitas e têm suas raízes no continente africano; porém são brasileiras por sua estruturação e surgiram em vários pontos do país, como o candomblé na Bahia, no Rio de Janeiro e em outros estados; o batuque nos estados do Sul, principalmente no Rio Grande do Sul; o tambor de mina no Maranhão e no Pará; o xangô em

Recife; xambá e catimbó no Nordeste; e, mais tarde, a umbanda, iniciada em 1908, em Niterói (RJ) – religião de características africanas com um profundo sincretismo com o espiritismo e catolicismo. Essas formas de crer provenientes da África Ocidental chegaram ao Brasil junto com os negros escravizados no período colonial, nos séculos XVIII e XIX. Segundo o teólogo e pesquisador Hans Küng (2004), essas manifestações religiosas primitivas deram origem a todas as religiões e têm sua gênese em grupos específicos africanos, aos quais denomina de "religiões tribais que, praticamente sem dispor de quaisquer textos escritos constituem de certa forma o terreno onde todas as religiões estão enraizadas, e que, ao mesmo tempo, continuam a existir nas várias regiões do mundo".

Nessa mesma linha de abordagem, Desroche (1995, p. 53) afirma:

a África continua sendo provavelmente a maior reserva propícia para a observação dessas religiões tradicionais dos camponeses, impropriamente chamadas 'paganismos', religiões da natureza, que são o alicerce e o sustentáculo subjacente a todas as religiões da História. Amadou Hampaté Ba, o sábio intelectual africano é, sem dúvida, um daqueles que melhor conhecem, tanto interior quanto exteriormente, a diversidade dessas religiões africanas e tradicionais. Se existe uma constante nessa diversidade, ele prefere chamá-la de animismo, termo mais próprio e menos tendencioso.

O **animismo** é uma característica própria das religiões primitivas e tribais e é aplicado também para as religiões nativas presentes em nosso continente. Segundo Schlesinger e Porto (1995, p. 184), o animismo é

a expressão religiosa do homem primitivo que se caracteriza pela adoração de espíritos que residem em árvores, montanhas, poços e fontes sagradas, ou mesmo em pedras de formas especiais. Precedem o mosaísmo, mas antes se deu lugar aos deuses antropomórficos. Penetrou na tradição judaica, que no Antigo Testamento procede de ideias animistas, pois concebe o espírito como sujeito individual de índole pessoal que se apossa do homem e o torna capaz de realizar ações que requerem força especial.

As estatísticas apontam para mais de três milhões e meio de homens e mulheres arrancados de suas raízes familiares e comunitárias, representando várias nações, e trazidos ao Brasil para trabalhos forçados. Eram provenientes do Senegal, de Gâmbia, de Angola, do Zaire, do Sudão, de Moçambique e da Ilha de Madagascar. Os sudaneses, por exemplo, foram encaminhados para a Bahia e sofreram, na África, a influência do islamismo. Esses escravizados introduziram costumes islâmicos em suas manifestações religiosas, como as vestes brancas e o uso de turbantes. Segundo a Assintec (2007), esse grupo étnico foi o responsável pela inclusão de um novo elemento no sincretismo religioso, o islã.

As religiões de matriz africana consolidaram-se no Brasil por meio de um profundo sincretismo entre as crenças africanas, o catolicismo tradicional, as tradições nativas brasileiras, o islamismo em alguns grupos e, mais tarde, o espiritismo. Não há uma pureza de raiz africana, mas sim, uma forma de crer envolvendo diversas matrizes religiosas. Em um olhar mais apurado, poderíamos até arriscar dizer que essas denominações representam o rosto do Brasil.

A religião, caminho encontrado pelos negros escravizados para garantirem sua identidade cultural e aliviarem seus sofrimentos e saudades, desempenhou um papel importante no contexto social desses indivíduos. As reuniões celebrativas nos terreiros, com suas orações e cantos, eram uma forma de prestar devoções aos Orixás, que são as forças da natureza, auxiliares de Olorum, o Ser Supremo, criador de todas as coisas. Serviam também para manter vivas as suas raízes e representaram uma forma de resistência contra os portugueses colonizadores. Segundo Küng (2004, p. 41), *entre as religiões tribais da África Negra existe uma ampla faixa de espíritos. Bons e maus, previsíveis e imprevisíveis. Espíritos ancestrais (vadzimu), que agora se manifestam como espíritos protetores da família, sobretudo das crianças. Espíritos errantes (mashavi), que, não tendo sido corretamente sepultados em terras estranhas, não querem ficar esquecidos. Espíritos tribais (mhondoro) que se preocupam com o bem da tribo e de seu chefe. Não é, como muitas vezes se ouve, que as religiões tribais sejam marcadas inteiramente pelo medo dos demônios.*

Entre as denominações de matriz africana destaca-se o **candomblé**, que significa cantar e dançar em louvor e, segundo Schultz (2005), é a religião dos ancestrais africanos, portanto, no parecer de seus seguidores, guarda a pureza de sua origem. Contudo, o candomblé apresenta em sua estrutura sinais claros de outras tradições religiosas, em uma profunda simbiose. "Na verdade, o candomblé não é uma religião africana, mas que surge do contato das religiões africanas trazidas pelos escravizados com o contexto brasileiro. As diversas tradições africanas se misturaram no Brasil, e estas com o catolicismo e com a matriz indígena" (Schultz, 2005, p. 55).

Um elemento comum presente nas religiões de matriz africana, no candomblé, na umbanda e nos outros grupos religiosos, é a energia vital, por elas denominada de *axé*. Segundo a Assintec (2007, p. 21),

a palavra Axé pode ser traduzida como "aquilo que deve ser realizado". Segundo as tradições religiosas africanas, essa força é contida e transmitida por meio de elementos materiais e de certas substâncias, mantendo e renovando neles sua capacidade de realização. Nas manifestações religiosas, o sangue portador do Axé pertence ao Ser Superior, Criador de todas as coisas, e é oferecido a Ele em primeiro lugar. O sangue pode ser de origem animal, vegetal ou mineral. O coração, o fígado, os pulmões e os órgãos genitais são partes do corpo consideradas plenas de Axé. As raízes, as folhas, o leito dos rios, as pedras, e outros elementos, também possuem Axé. Receber o Axé significa incorporar os elementos simbólicos que representam os princípios vitais de tudo o que existe no mundo visível (Àiyé) e no mundo invisível (Òrun), num processo de expansão permanente.

Além do candomblé, destacamos em nosso estudo a **umbanda**. Sua estrutura é tipicamente brasileira e surgiu da fusão de vários elementos dos cultos afro, da devoção popular católica, da doutrina espírita e do relacionamento com o mundo dos espíritos e os costumes dos pajés indígenas. Além desses elementos, aparecem também traços esotéricos, principalmente em sua simbologia. A palavra *umbanda*, segundo a Assintec (2007), tem dois significados, o primeiro significa a arte de curar, e deriva do kimbundo, um dos idiomas africanos; e o segundo diz que a palavra *umbanda* se traduz como a Lei Maior ou Lei Suprema do Bem.

Destacamos em nosso estudo alguns aspectos que são considerados essenciais na cultura e na tradição religiosa afro-brasileira: a oralidade, o símbolo e o diálogo. Segundo os apontamentos da Assintec (2007, p. 21), "o sistema comunicativo da oralidade prevê a identificação, a expressão e a conservação da bagagem etnocultural. O símbolo é fundamental para a expressão da crença". A dimensão dialógica tem um espaço crucial nessas denominações religiosas, pois é por meio dela que os mitos e as tradições culturais são transmitidos às novas gerações. Lugar de destaque nesse processo tem o **ancião**, pois ele é o mestre da palavra e, como na cultura tribal africana, tem o papel de autoridade: nas religiões de matriz africana, são denominados de *pai de santo* ou *mãe de santo* e são a referência do grupo religioso.

Não existe nas religiões de matriz africana um corpo doutrinário sistematizado e, por esse motivo, é comum perceber crianças de famílias pertencentes a cultos africanos frequentarem catequese católica para adquirirem um conteúdo doutrinário que lhes ajude na assimilação de valores religiosos.

É interessante notar em nosso estudo sobre a filosofia da religião como as religiões de matriz africana influenciaram e marcaram o tecido cultural, social e religioso brasileiro. Essa profunda simbiose, um misto de culturas, crenças, rituais, símbolos e magia, despertou no imaginário das pessoas uma espécie de sedução e a possibilidade de responder a algumas das inquietações mais profundas da existência e a solução para problemas concretos do dia a dia. Exemplos concretos são os trabalhos encomendados para se conseguir atingir a determinados objetivos, a comunicação com os espíritos e, consequentemente, com os mortos, que exerce um fascínio sobre muitas pessoas. Todos esses fatores levam-nos a compreender por que essas religiões transcenderam o universo racial negro e atraíram um número significativo de pessoas brancas e de outras etnias. É comum perceber que a umbanda, por exemplo, não parece ser uma religião de rosto negro.

6.4
Tradições religiosas indígenas

As *tradições religiosas* indígenas estão na gênese da formação do povo brasileiro. A compreensão da importância da religião para as culturas indígenas vai nos ajudar a entender uma das chagas mais profundas que marcaram o processo de colonização do Brasil. O conhecimento das "expressões religiosas dos povos indígenas permite compreender melhor a sua cultura e superar o preconceito que muitos ainda têm em relação ao índio e seu modo de vida" (Assintec, 2007, p. 3). Estamos falando da essência da natureza indígena, de sua forma de crer e da relação existente com a terra, a natureza e o sagrado. Estes são elementos inseparáveis e a falta de um deles ocasiona o aniquilamento e a extinção da cultura indígena.

Tanto as religiões africanas quanto as indígenas brasileiras, bem como as da América como um todo e de outras partes do planeta com características tribais, entram na classificação de religiões primais, definidas como

aquelas que os estudiosos costumavam chamar de "religiões primitivas" e que se encontram, ou se encontravam, em culturas ágrafas, entre os povos tribais da África, Ásia, América do Norte e do Sul e Polinésia. A marca mais característica dessas religiões é a crença numa miríade de forças, deuses e espíritos que controlam a vida cotidiana. O culto aos antepassados e os ritos de passagem desempenham um papel importante. A comunidade religiosa não se separa da vida social, e o sacerdócio normalmente é sinônimo de liderança política da tribo. (Gaarder; Hellern; Notaker, 2001, p. 38)

Por conta da opressão que pesou sobre as nações indígenas no território brasileiro nesses pouco mais de quinhentos anos de colonização, com a consequente dizimação de incontáveis culturas, sobrevivem no Brasil pouco mais de 200 povos diferentes e 170 línguas distintas das mais de mil nações indígenas que existiam. Cada uma delas com sua herança cultural, suas tradições, seus mitos e suas crenças específicas.

Nesse universo da diversidade cultural indígena, os pesquisadores constataram que as tradições religiosas são diferentes, pois

há uma diversidade de povos e culturas que se distinguem no tipo biológico, línguas, costumes, ritos, organização social etc. Suas religiões são profundamente marcadas por rituais nos quais os mitos são revividos com intensidade de modo que em algumas comunidades os participantes no ato ritualístico sentem-se parte da divindade. (Assintec, 2007, p. 5)

Os ritos celebrativos são de grande riqueza, envolvem expressões corporais com dança, cantos, com uma variedade de entonações vocais e a beleza dos instrumentos musicais, além da prática de rituais de defumação e o uso de bebidas produzidas com plantas nativas que provocam transe e evocam incorporações.

Uma das características dessas religiões tribais indígenas é a sua estruturação. Comum a todas elas é a busca do equilíbrio entre o humano e o mundo exterior – a natureza, por exemplo, denominada de *Mãe Terra*. Essa harmonização é a garantia da sobrevivência da nação, pois a natureza recebe a caracterização do sagrado. Homem e natureza estão intimamente ligados. A essa característica denominamos de *animismo*, como vimos nas religiões de matriz africana com as mesmas características tribais. Portanto, destruir a natureza e tudo o que ela contém representa um rompimento com a divindade. Tudo na vida de uma aldeia gira em torno dessa dimensão sagrada e o seu dia a dia está impregnado do sentimento religioso. Portanto, a terra intocada é condição da sobrevivência da cultura indígena.

Outro aspecto importante na compreensão da religiosidade indígena é a sua visão do mundo, tudo está em perfeita harmonia. Para essas culturas, os elementos da natureza, a água, o vento, a terra, o fogo, o sol, a lua e os demais astros foram criados e dispostos no mundo de forma orgânica e em perfeita harmonia. Em sua origem, o indígena vivia essa perfeita simbiose com os elementos da natureza e a característica principal de sua forma de vida era a partilha e a solidariedade em uma vida comum. Esse equilíbrio foi destruído com a chegada dos colonizadores e muitos desses valores desapareceram em virtude da luta pela sobrevivência. À medida que a natureza desaparece, também desaparecem os povos indígenas.

Para muitas das religiões nativas, a figura do Grande Espírito, ou do transcendente, é compreendida como sendo a de um ser dotado de bondade e que se preocupa com todas as pessoas e está em harmonia com elas. Também há crenças em divindades menores que auxiliam o Grande Espírito e em espíritos que povoam o mundo, como os dos ancestrais, os espíritos das florestas ou outras forças de cura, como é o caso das ervas medicinais utilizadas pelos pajés em cuidados de saúde. Segundo a Assintec (2007, p. 5), "os espíritos maus devem ser apaziguados e os bons devem ser convencidos a ajudá-los. Os nomes dados à divindade superior e aos espíritos variam de uma nação para outra: Maíra, Itukoóviti (aquele que criou todas as coisas), Nhyanderú, Nhyanderuvusú, Nhyanderupapá, etc.".

Outra característica dos povos indígenas é a crença nos mitos, sempre com alguma conexão com a religião e a proteção da floresta. Eles povoam o universo cultural indígena e surgem nos mais variados contextos, sempre estão integrados ao cotidiano da vida das comunidades. Os mitos tratam de temas, como o surgimento do mundo e a vida da aldeia e dos outros povos. Os mitos surgiram para explicar o desconhecido, principalmente os fenômenos naturais e as situações que afetam a vida dos membros da tribo, como o nascimento, a puberdade, a doença e a morte. Neles estão contidos muitos dos seus textos sagrados e daquilo que é considerado sagrado por essas etnias, bem como de seus ritos, celebrações e festas. Entre os incontáveis mitos, destacamos alguns: o da chegada do fogo, o da origem do mundo, o do surgimento de alguns alimentos e bebidas (como o milho, a mandioca e o guaraná), o da lua, o do sol, o da Iara (Mãe d'água), o do Anhangá (protetor dos animais), o Curupira (protetor das matas), o das Amazonas, o do boto, o da vitória-régia, o do boitatá, o da caipora e o da cuca.

Esse rico conjunto de povos indígenas, com suas crenças, ritos e mitos, compôs o berço sobre o qual nasceu a nação brasileira, com seu rosto plurifacetado, marcado com os traços de todas as raças do planeta. Muitos desses mitos, herdados das civilizações indígenas e transmitidos oralmente, entraram no universo cultural do povo brasileiro, fazendo parte do seu dia a dia.

Síntese

Ao elaborarmos este capítulo sobre as tradições religiosas que marcam a formação do povo brasileiro, tivemos a intenção de apontar alguns elementos fundamentais próprios do universo religioso e que estão na raiz de nossa formação cultural. Vimos que o Brasil é formado por rostos de todas as partes do planeta, cada um deles com sua especificidade cultural e sua forma de crer e de se relacionar com o sagrado.

Iniciamos abordando as tradições religiosas ocidentais, das quais se destacam o cristianismo, o islamismo e o judaísmo. Nesse âmbito, estabelecemos os pontos de convergência entre as três grandes religiões mundiais, destacando que todas são monoteístas, surgiram no Oriente Médio e têm o patriarca Abraão como origem comum.

Em seguida, apresentamos as tradições religiosas que se originaram no Oriente e no Extremo Oriente, em países como a Índia, a China e o Japão, como o hinduísmo, o budismo, o xintoísmo, o confucionismo, entre outras. Essas tradições religiosas são milenares, ricas de misticismo e têm como aspectos convergentes o politeísmo e a concepção cíclica da história, que se repete em um ciclo eterno. Para elas, a união com a divindade pode ser conseguida por meio do conhecimento ou de uma experiência de iluminação interior.

A terceira matriz religiosa estudada foi a afro-brasileira, com seu histórico impregnado de religiosidade, sincretismo e sofrimento. Trata-se da crença que chegou ao Brasil junto com o povo negro, escravizado pelos portugueses e pelos chefes tribais africanos. Os cultos nos terreiros das grandes fazendas e a devoção às inúmeras divindades africanas, transferida simbolicamente para os santos católicos, deu origem a essa simbiose religiosa. As religiões mais conhecidas são o candomblé, a umbanda e o batuque. Em quase todas encontramos traços africanos, católicos, indígenas, espíritas e, também, islâmicos.

A quarta matriz religiosa analisada foi a indígena. Trata-se das religiões dos povos nativos, presentes desde a origem de nossas terras, que os colonizadores chamaram de Brasil. As religiões indígenas são inúmeras, variando de acordo com os seus povos. Elas têm em comum a crença no Grande Espírito e a concepção da vida em harmonia com a terra, com a natureza, enfim, com o universo, e são marcadas pelos inúmeros mitos e pelas forças da natureza.

Indicações culturais

Documentário

CANTO Sagrado da Mãe Terra: Tribo Fulni-ô/Aldeia Multiétnica 2013. Disponível em: <www.youtube.com/watch?v=P19raza EaRg>. Acesso em: 24 jan. 2017.

Trata-se de um documentário sobre a religiosidade da Tribo Fulni-ô. O filme mostra uma cerimônia religiosa com cantos e danças dirigidos à Mãe Terra.

Atividades de autoavaliação

1. Neste capítulo, conhecemos as quatro matrizes religiosas que formam o tecido social e cultural brasileiro. Entre elas estão as tradições religiosas ocidentais, ou seja, aquelas que tiveram sua origem ou se desenvolveram no Ocidente.

   Leia com atenção os enunciados a seguir:

   I. As principais religiões ocidentais têm como característica comum serem monoteístas e terem surgido no Oriente Médio.

   II. As religiões de matriz ocidental são o judaísmo, o islamismo e o cristianismo.

III. Essas manifestações religiosas também são denominadas de religiões universais, isto é, elas pretendem ter uma validade universal, para todas as pessoas do mundo.

IV. Posteriormente, surgiram outras religiões ocidentais, como o budismo tibetano.

V. Percebe-se hoje um pluralismo religioso expressivo nas religiões ocidentais, sobretudo no cristianismo e em algumas derivações no islamismo.

Assinale a alternativa que contém as respostas corretas:
a) I, II e V.
b) I, II, III e IV.
c) I, II, III e V.
d) I, II, III e V.
e) Todas as alternativas anteriores estão corretas.

2. As tradições religiosas orientais surgiram ou se desenvolveram no Oriente ou no Extremo Oriente. As principais religiões orientais são o hinduísmo, o budismo e o taoísmo.

Leia com atenção os enunciados a seguir:

I. Além das religiões citadas, podemos acrescentar ainda à matriz das religiões orientais o confucionismo, o xintoísmo, o bramanismo, o hinduísmo, a Fé Baha'í e o krishna.

II. O que elas apresentam em comum é a visão cíclica da história e o politeísmo.

III. Todas elas creem em uma única divindade.

IV. Para a religião da Índia, a vaca é considerada sagrada porque é o símbolo da fecundidade e da fertilidade, concepção herdada dos antigos e contida nos hinos vedas.

V. O budismo foi fundado por Mahatma Gandhi.

Assinale a alternativa que contém as respostas corretas:
a) I, II e IV.
b) II, III e IV.
c) I, II, e V.
d) I, II, III e V.
e) Todas as alternativas anteriores estão corretas.

3. As religiões denominadas de afro-brasileiras são muitas e têm suas raízes no continente africano, porém são brasileiras pela sua estruturação e surgiram em vários pontos do país.

Leia com atenção as afirmações a seguir:

I. A umbanda e o candomblé são religiões de matriz africana que sofreram grande influência de outras religiões, principalmente do catolicismo.

II. As religiões de matriz africana consolidaram-se no Brasil por meio de um profundo sincretismo entre as crenças africanas, o catolicismo tradicional, as tradições nativas brasileiras, o islamismo em alguns grupos e, mais tarde, o espiritismo.

III. A religião, caminho encontrado pelos negros escravizados para garantirem sua identidade cultural e aliviarem os seus sofrimentos e saudades, desempenhou um papel importante no contexto social desses indivíduos.

IV. A palavra *axé* pode ser traduzida como aquilo que deve ser realizado/energia e tem origem indígena.

V. As religiões de matriz africana têm um corpo doutrinal sólido e que está escrito no livro que orienta as celebrações nos terreiros.

Assinale a alternativa que contém as respostas corretas:
a) II e IV.
b) II, III e IV.
c) I, II, e V.
d) I, II e III.
e) Todas as alternativas anteriores estão corretas.

4. A dimensão religiosa está no centro da vida dos povos indígenas. A compreensão da importância da religião para as culturas indígenas nos ajuda a entender uma das chagas mais profundas que marcaram o processo de colonização do Brasil, a extinção de numerosas nações nativas.

Leia com atenção os enunciados a seguir:

I. As tradições religiosas indígenas estão na gênese da formação do povo brasileiro.

II. As religiões indígenas entram na categoria de religiões primitivas cuja marca mais profunda é a crença em uma miríade de forças, deuses e espíritos que controlam a vida cotidiana.

III. Comum a todas essas religiões é a falta do equilíbrio entre o humano e o mundo exterior, a natureza, por exemplo, denominada de Mãe Terra.

IV. Na concepção indígena, ninguém pode ser dono da terra, pois ela é um elemento religioso sagrado e pertence a todos.

V. A crença nos mitos, sempre com alguma conexão religiosa, foi introduzida na cultura indígena com a chegada dos negros escravizados.

Assinale a alternativa que contém as respostas corretas:
a) II, III e V.
b) I, II.
c) I, II e IV.
d) IV e V.
e) Todas as alternativas anteriores estão corretas.

5. A pluralidade cultural e religiosa, construída por várias raças, culturas e religiões, permite que todos sejam iguais, cada um com suas diferenças. Essa é a característica que faz o Brasil ser o que é.

Leia com atenção os enunciados a seguir.

I. O radicalismo religioso leva o indivíduo a desprezar o diferente e a considerá-lo como inimigo.

II. O radicalismo religioso significa fidelidade a uma determinada religião.

III. O radicalismo religioso é a fonte de discórdias, guerras e incompreensões.

IV. O radicalismo religioso promove um correto diálogo entre as religiões, respeitando as diversidades religiosas.

V. O radicalismo religioso significa ser fiel à raiz religiosa e, por isso, é legítimo.

Assinale a alternativa que contém as respostas corretas:
a) I e III.
b) I, II.
c) II e IV.
d) IV e V.
e) Todas as alternativas anteriores estão corretas.

Atividades de aprendizagem
Questões para reflexão

1. Quais são as quatro matrizes que formaram o quadro religioso do Brasil e como elas chegaram aqui?

2. O que você compreende por pluralidade religiosa e cultural do Brasil?

3. Por que a filosofia da religião nos permite compreender de maneira mais aprofundada o fenômeno do pluralismo cultural e religioso brasileiro e suas implicações?

Atividade aplicada: prática

Visite, com seu grupo de estudo, um local que pratique uma religião específica de cada uma das quatro matrizes religiosas e observe as seguintes questões:
- forma de culto;
- elementos comuns;
- comportamento dos fiéis.

Em seguida, analisem o que observaram, levando em consideração os apontamentos estudados neste capítulo.

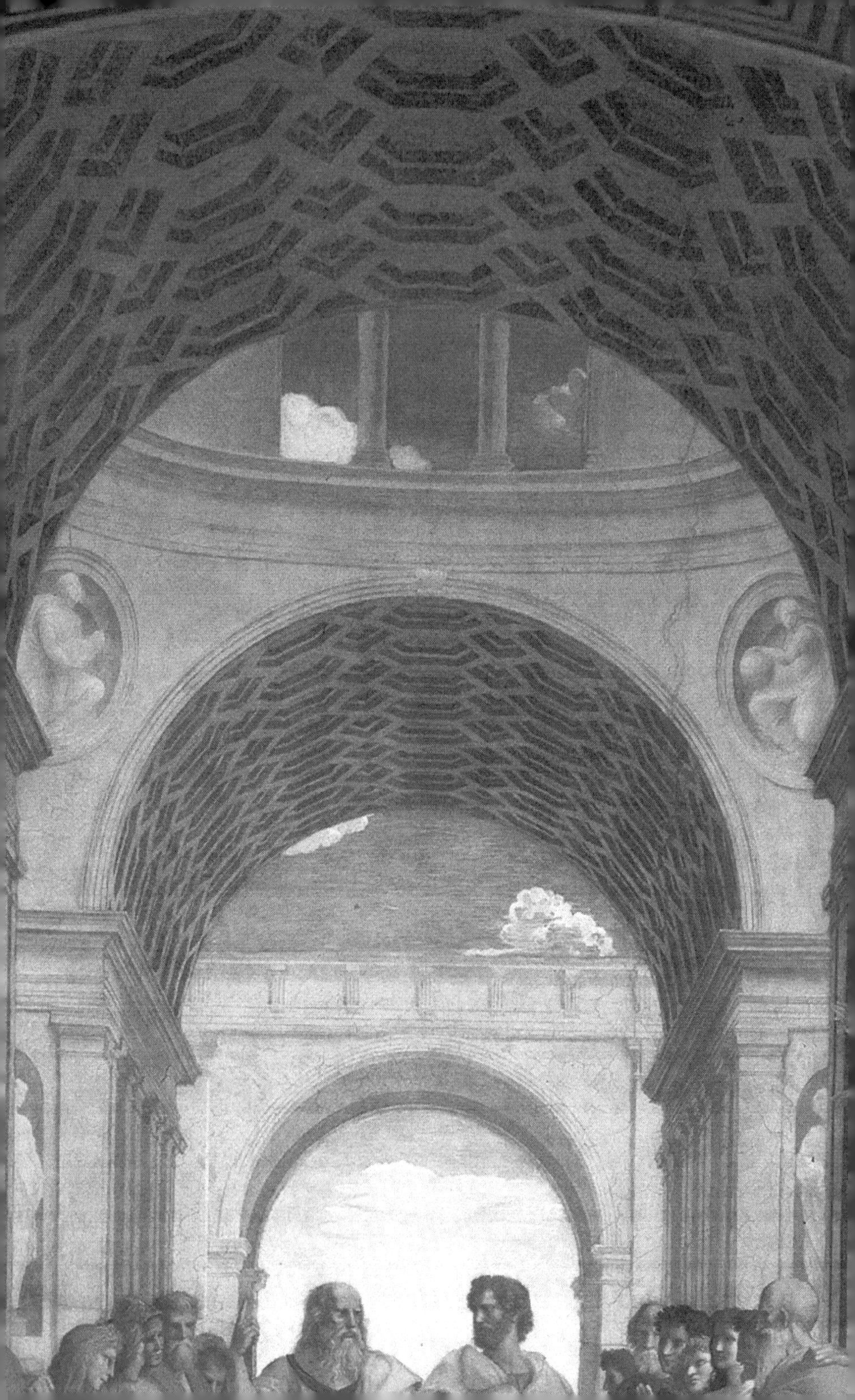

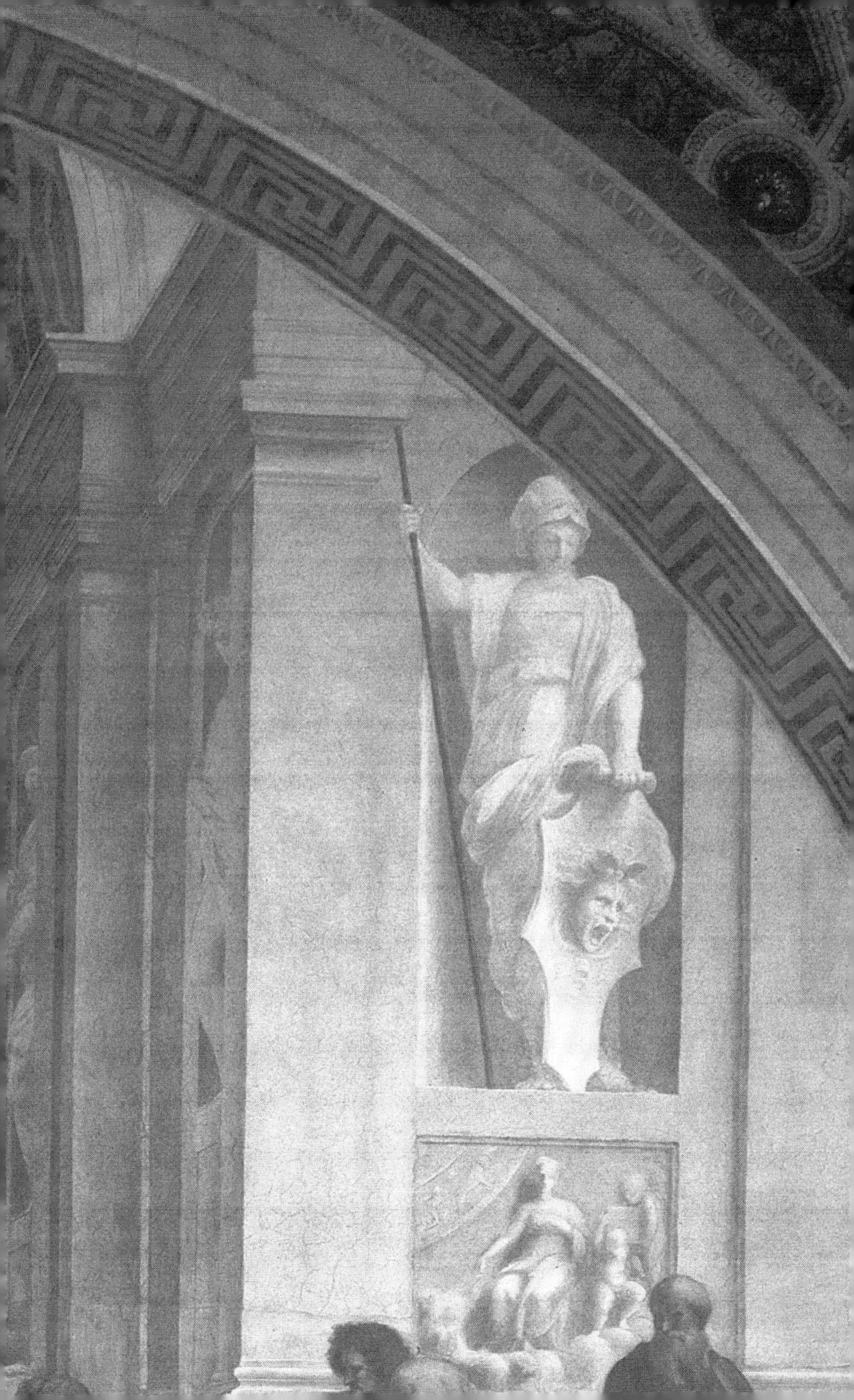

considerações finais

Caro leitor, em nosso estudo sobre a temática proposta, percorremos um longo caminho. Iniciamos nossa abordagem com a conceituação de filosofia da religião, afirmando que esse ramo do conhecimento tem como um de seus objetivos clarificar a possibilidade e a essência formal da religião na existência humana. Vimos também que a percepção religiosa presente no ser humano é anterior à sistematização filosófica. A filosofia, portanto, oferece as ferramentas metodológicas para uma reflexão mais apurada sobre a existência e a maneira de ser do fenômeno religioso, oferecendo-lhe um olhar crítico. A possibilidade religiosa perpassou o pensamento humano desde o seu início, bem antes da filosofia clássica grega, e chega até os dias atuais. Em nosso estudo, pudemos contemplar como a filosofia e a religião interagiram diante da riqueza de ideias, avanços e antagonismos, nas mais variadas correntes filosóficas e perspectivas teológicas, com seus decorrentes desdobramentos para o universo religioso.

A origem das descobertas filosóficas e as inquietações religiosas estão vinculadas à curiosidade e ao questionamento. Essas são as molas propulsoras que estão na essência do ser religioso e do ser filosófico. A razão ou a causa primeira do conhecimento, da filosofia ou da religião está na curiosidade humana, no ato de pensar, de perguntar, de fazer uma análise crítica e de não se sentir satisfeito com aquilo que é cômodo e estático. Foi assim que Sócrates intuiu o método maiêutico: perguntar sempre, dar a luz às respostas, pois, na maioria das vezes, elas estão dentro do ser humano, como um conhecimento latente. Zilles (2010) afirma que o homem pensando desenvolve-se a si mesmo. Ele pensa e indaga a si mesmo indagando o mundo, à luz do ser, como algo que é. Vale a pena retomar as questões assinaladas por Reale e Antiseri (2005b, p. 3):

> *Deus existe, ou existiríamos apenas nós, perdidos neste imenso universo? O mundo é um cosmo ou um caos? A história humana tem sentido? E se tem, qual é? Ou, então, tudo – a glória e a miséria, as grandes conquistas e os sofrimentos inocentes, vítimas e carnífices – tudo acabará no absurdo, desprovido de qualquer sentido?*

Para atingirmos nosso objetivo, além de aprofundarmos os conceitos descritos, adentramos no segundo capítulo e deparamo-nos com o pensamento da Grécia Antiga, desde o seu alvorecer, com os filósofos pré-socráticos, Sócrates, Platão e Aristóteles, até as correntes helenísticas, em que se moldaram uma série de conceitos e floresceram inúmeras tentativas de responder aos anseios humanos e aos enigmas do universo. Nasceram, nesse período, a filosofia e os primeiros conceitos de religião e de Deus, em uma busca de verdades, em meio a mitos e magias.

Em nossa análise, iniciamos o terceiro capítulo situando a filosofia da religião nos períodos da patrística e da escolástica. A época denominada de *patrística* teve como característica a produção filosófica e teológica dos chamados *Padres da Igreja*. Esse período teve a sua origem com o advento do cristianismo e desenvolveu-se até João Damasceno, em 749.

A escolástica, por sua vez, engloba os pensadores, e o seu conjunto de doutrinas e sistemas filosóficos e teológicos, que emergiram durante a Idade Média e a sua preocupação central era a de estabelecer o nexo entre a fé e a razão. O maior expoente da patrística foi Agostinho de Hipona, e Tomás de Aquino, com a maestria de seu pensamento, representou o ápice da escolástica medieval.

Contudo, no final da Idade Média, a partir do século XIII, outros pensadores entraram em cena e deu-se início a uma contestação histórica sobre a complementariedade entre fé e razão, até então, inquestionável. Os filósofos e teólogos Duns Scotto e Guilherme de Ockham foram os principais protagonistas dessa nova maneira de pensar e reivindicaram a total independência entre fé e razão. Em consequência dessa ideologia, surgiu um olhar mais apurado e crítico sobre a compreensão da religião e de seus conceitos e estabeleceram-se novas metodologias ou vias para se provar a existência de Deus.

Os últimos pensadores desse período e seguidores dessas premissas provocaram uma gama de questionamentos sobre o primado do poder espiritual do papa e do poder temporal do rei. Defendiam a não vinculação entre a Igreja e o Estado e começaram a lançar as bases para uma nova conceituação eclesial. Decorrentes dessas proposições, estavam sendo consolidados os fundamentos da ideologia reformista da religião. Percebemos, nesse capítulo, a influência que a filosofia exerceu sobre a religião. Seu olhar crítico e a nova impostação conceitual desencoram em uma inquestionável revolução religiosa.

Caro leitor, ao aprofundarmos a filosofia da religião, vimos que devemos levar em consideração três aspectos fundamentais: a filosofia, a religião e a razão. Ao sairmos da Idade Média, a Europa sofreu a grande influência do Iluminismo e das filosofias críticas. Pudemos perceber, nesse período, como a religião e seus conceitos foram sendo investigados, questionados e purificados. As respostas às demandas sobre a natureza humana, sua origem e finitude, a existência de Deus e seus atributos encontraram, nessas três áreas do conhecimento, um campo fecundo de aprofundamento. Floresceram o racionalismo e o agnosticismo. Vimos que alguns pensadores exerceram papel preponderante na investigação do universo religioso, entre eles Kant, que apresentou questionamentos sobre a revelação divina; Marx, que considerou a religião como "ópio", capaz de dar uma falsa ilusão ao homem, retirando-o de seu mundo real; Sartre, que foi um dos maiores expoentes do existencialismo ateu e nos indagou sobre o sentido da vida e a frustração humana; e Nietzsche, brilhante e atormentado filósofo que procurou matar a Deus ou a compreensão que tinha sobre a divindade.

No quinto capítulo, tratamos da maneira como as religiões compreendem o sagrado e o profano. Constatamos que a perspectiva do sagrado é algo comum e universal, portanto, está presente em todas as religiões. Atestamos, também, que essa dimensão é essencial e define o ser humano como um ser religioso, impactando em sua existência. Ao contrário do sagrado, vimos que o profano se refere a tudo aquilo que está fora do ambiente do templo ou que não foi consagrado à divindade. Percebemos, em nossa análise, como essa dicotomia marca a essência da cultura religiosa de um povo, sendo, muitas vezes, motivo de mútua convivência, fraternidade e, em outras situações, causa de disputas, incompreensões e divergências. Nesse sentido, uma concepção subjetivista sobre o espaço sagrado, sobre os símbolos e a própria natureza, como a mata e a água, pode parecer algo ingênuo para um não crente, porém se reveste de especial significação para o seguidor de uma determinada crença.

Concluindo, no último capítulo, apresentamos, a título de conhecimento, as quatro matrizes religiosas que estão na gênese da formação do tecido social, cultural, ético e religioso do povo brasileiro: as tradições religiosas ocidentais e orientais; as tradições religiosas nativas e as tradições afro-brasileiras. Constatamos o quanto a diversidade religiosa presente em solo brasileiro é grande. No entanto, é essa diversidade que caracteriza o Brasil e é o seu maior legado.

Nesse universo, a filosofia da religião poderá atuar estabelecendo pontos de convergência entre as religiões, investigando as formas de compreensão do sagrado e de seu relacionamento com Deus. Compete a você, caro leitor, com as ferramentas apresentadas, continuar essa observação sobre a fé com o seu olhar moldado à luz da razão.

referências

ABBAGNANO, N. **Dicionário de filosofia**. 5. ed. São Paulo: M. Fontes, 2007.

AGOSTINHO, Santo. **Confissões**. Tradução de J. Oliveira Santos. Porto: Apostolado da Imprensa, 1966.

ALMEIDA, A.; MURCHO, D; TEIXEIRA, C. **50 lições de filosofia**. Lisboa: Didáctica, 2013.

ALVES, J.; REDYSON, D. Platão e o papel do demiurgo na geração da vida cósmica. **Religare**, v. 7, n. 1, p. 72-80, mar. 2010. Disponível em: <http://periodicos.ufpb.br/index.php/religare/article/view/9770/5349>. Acesso em: 10 dez. 2016.

ALVES, L. A. S. **Cultura religiosa**: caminhos para a construção do conhecimento. Curitiba: InterSaberes, 2012.

ALVES, R. **O enigma da religião**. 2. ed. Petrópolis: Vozes, 1975.

ANDRADE, J. Da pluralidade rumo ao diálogo inter-religioso. **Último andar**, São Paulo, dez. 2004.

ANTOLOGIA de textos [...]. São Paulo: Abril Cultural, 1985. (Coleção Os Pensadores).

ARISTÓTELES. Ética a Nicômaco. São Paulo: Nova Cultural, 1996.

ARISTÓTELES. **Metafísica**. Tradução de Leonel Valandro. Porto Alegre: Globo, 1969.

ASSEMBLÉIA GERAL DAS NAÇÕES UNIDAS. **Declaração universal dos direitos humanos**. 1948. Disponível em: <http://www.ohchr.org/EN/UDHR/Documents/UDHR_Translations/por.pdf>. Acesso em: 22 set. 2015.

ASSINTEC – Associação Inter-Religiosa de Educação. Secretaria Municipal de Educação. **Tradições religiosas indígenas e afro-brasileiras**. Curitiba: GPER, 2007. Disponível em: <http://www.gper.com.br/noticias/e16497de60b8cdb335b018803d3040fd.pdf>. Acesso em: 16 dez. 2016.

BERGER, P. L. **O dossel sagrado**: elementos para uma teoria sociológica da religião. São Paulo: Paulinas, 1985.

BETTENCOURT, E. T. **Crenças, religiões, igrejas, seitas**: quem são? São Paulo: Mensageiro de Santo Antonio, 1995.

BIEDERMANN, H. **Dicionário ilustrado de símbolos**. São Paulo: Melhoramentos, 1993.

BIRK, B. O. **O sagrado em Rudolf Otto**. Porto Alegre: EdiPUCRS, 1993.

BOWKER, J. **O livro de ouro das religiões**: a fé no ocidente e oriente, da pré-história aos nossos dias. Rio de Janeiro: Ediouro, 2004.

BRASIL. Secretaria Especial dos Direitos Humanos. **Diversidade religiosa e direitos humanos**. Brasília, 2004. Disponível em: <http://www.portaldoservidor.ba.gov.br/sites/default/files/cartilha_sedh_diversidade_religiosa[1].pdf> Acesso em: 23 jan. 2017.

BROCHARD, V. **Les Sceptiques Grecs**. Paris: Imprimerie Nationale, 1887.

CARDOSO, P.; CECCATO, T. O multiculturalismo, o direito à diferença e a ação afirmativa. **África Axé, Curitiba**, v. 1, n. 1, ago. 2004.

CASSIRER, E. **A filosofia das formas simbólicas**: primeira parte – a linguagem. São Paulo: M. Fontes, 2001.

CASSIRER, E. **Ensaio sobre o homem**: introdução a uma filosofia da cultura humana. São Paulo: M. Fontes, 2005a.

CASSIRER, E. **Las ciencias de la cultura**. Tradução de Wenceslao Roces. 2 ed. México: FCE, 2005b.

CASSIRER, E. **Linguagem e mito**. São Paulo: Perspectiva, 2006.

CHAUI, M. **Introdução à história da filosofia**: dos pré-socráticos a Aristóteles. São Paulo: Companhia das Letras, 2002. v. 1.

CONCHE, M. **Orientação filosófica**. São Paulo: M. Fontes, 2000.

COPLESTON, F. **História de la filosofia**. [S.l.]: Liber, 1946. v. 1.

CORRÊA, R. L. T. **Cultura e diversidade**. Curitiba: InterSaberes, 2012.

COULANGES, F. de. **A cidade antiga**. Tradução de Fernando de Aguiar. São Paulo: M. Fontes, 1998.

CROATTO, J. S. **As linguagens da experiência religiosa**: uma introdução à fenomenologia da religião. São Paulo: Paulinas, 2001.

DE BONI, L. A. **De Abelardo a Lutero**: estudos sobre filosofia prática na Idade Média. Porto Alegre: EdiPUCRS, 2003.

DE PEDRO, A. **Dicionário de termos religiosos e afins**. Aparecida: Ed. Santuário, 1999.

DESROCHE, H. **O homem e suas religiões**. São Paulo: Paulinas, 1995.

DICIONÁRIO patrístico e de antiguidades cristãs. Petrópolis: Vozes; São Paulo: Paulus, 2002.

ELIADE, M. **Tratado de história das religiões**. Lisboa: Cosmos, 1977.

ELIADE, M. **O sagrado e o profano**. São Paulo: M. Fontes, 1992.

ELIADE, M. **O conhecimento sagrado de todas as eras**. São Paulo: Mercúryo, 2004.

FERNANDES, S. R. A. (Org.). **Mudanças de religião no Brasil**. São Paulo: Palavra & Prece; Brasília: Edições CNBB, [2006?].

FERNANDES, S. R. A. **Novas formas de crer**: católicos, evangélicos e sem-religião nas cidades. São Paulo: Promocat, 2009.

FERRATER MORA, J. **Diccionario de filosofía**. Buenos Aires: Ed. Sudamericana, 1964. Tomo II.

GAARDER, J.; HELLERN, V.; NOTAKER. H. **O livro das religiões**. São Paulo: Companhia das Letras, 2001.

HAMLYN, D. W. **Uma história da filosofia ocidental**. Tradução de Ruy Jungmann. Rio de Janeiro: J. Zahar, 1990.

HEINZ-MOHR, G. **Dicionário dos símbolos**: imagens e sinais da arte cristã. São Paulo: Paulus, 1994.

JAPIASSÚ, H.; MARCONDES, D. **Dicionário básico de filosofia**. 5. ed. Rio de Janeiro: J. Zahar, 2008.

KENNY, A. **História concisa da filosofia ocidental**. Lisboa: Temas e debates, 1998.

KOOGAN, A.; HOUAISS, A. (Org.). **Enciclopédia e dicionário ilustrado**. Rio de Janeiro: Delta, 2000.

KÜNG, H. **Religiões do mundo**: em busca dos pontos comuns. Campinas: Verus, 2004.

LA BROSSE, O. de.; HENRI, A.; ROUILLARD, P. (Org.). **Dicionário de termos da fé**. Porto: Editorial Perpétuo Socorro, [S.d.].

LAÊRTIOS, D. **Vidas e doutrinas dos filósofos ilustres**. Brasília: UnB, 2008.

LALANDE, A. **Vocabulário técnico e crítico da filosofia**. 2. ed. São Paulo: M. Fontes, 1996.

LIBÂNIO, J. B. **Seminário sobre pastoral urbana**. Campinas: [s.n.], 1995. Apostila.

MARQUES, L. F.; DELL'AGLIO, D. D. A espiritualidade como fator de proteção na adolescência. **Cadernos IHU Ideias**, Unisinos, São Leopoldo, ano 7, n. 119, 2009. Disponível em: <http://www.ihu.unisinos.br/images/stories/cadernos/ideias/119cadernosihuideias.pdf>. Acesso em: 16 nov. 2016.

MARROU, H.-I. **Decadencia romana o antiguedad tardia?** Madrid: Rialp, 1980.

MORELAND, J. P.; CRAIG, W. L. **Filosofia e cosmovisão cristã**. São Paulo: Vida Nova, 2005.

MELLO, A. Alteridade. In: INFORMATIVO DA ASSINTEC: subsídios pedagógicos para o ensino religioso. n. 36, 1º sem. 2015, p. 5. Disponível em: <http://www.ensinoreligioso.seed.pr.gov.br/arquivos/File/boletins_informativos_assintec/informativo_assintec_36.pdf>. Acesso em: 18 jan. 2017.

NAGEL, T. **Uma breve introdução à filosofia**. Tradução de Silvana Vieira. São Paulo: M. Fontes, 2011.

NIETO, J. L. C. **A vontade de poder**: Nietzsche, hoje. São Paulo: Quadrante, 2004.

NIETZSCHE, F. W. **Além do bem e do mal**. Tradução de Paulo César de Souza. São Paulo: Companhia das Letras, 1992.

NIETZSCHE, F. W. **Assim falou Zaratustra**: um livro para todos e para ninguém. 3. ed. Rio de Janeiro: Civilização Brasileira, 1983.

OTTO, R. **O sagrado**: os aspectos irracionais na noção do divino e sua relação com o racional. São Leopoldo: Sinodal/EST; Petrópolis: Vozes, 2007.

PANICIO JÚNIOR, I. T. **Ética cristã**: entendendo a construção da ética pessoal e o modo correto de viver numa sociedade corrompida. Curitiba: Olsen Serviços Gráficos, 2014.

PARANÁ. Secretaria de Estado da Educação. **Ensino religioso**: diversidade cultural e religiosa. Curitiba: Seed/PR, 2013.

PAVIANI, J. **Uma introdução à filosofia**. Caxias do Sul: EDUCS, 2014.

PLATÃO. **Defesa de Sócrates**. 4. ed. São Paulo: Nova Cultural, 1987. (Coleção Os Pensadores).

PLATÃO. **Diálogos**: O banquete, Fédon, Sofista, Político. São Paulo: Abril Cultural, 1972.

POL DROIT, R. **Filosofia em cinco lições**. Rio de Janeiro: Nova Fronteira, 2011.

REALE, G.; ANTISERI, D. **História da filosofia**: filosofia pagã antiga. 3. ed. São Paulo: Paulus, 2007. v. 1.

REALE, G.; ANTISERI, D. **História da filosofia**: de Freud à atualidade. São Paulo: Paulus, 2006a. v. 7.

REALE, G.; ANTISERI, D. **História da filosofia**: de Nietzsche à Escola de Frankfurt. São Paulo: Paulus, 2006b. v. 6.

REALE, G.; ANTISERI, D. **História da filosofia**: de Spinoza a Kant. São Paulo: Paulus, 2005a. v. 4.

REALE, G.; ANTISERI, D. **História da filosofia**: do humanismo a Descartes. 2. ed. São Paulo: Paulus, 2005b. v. 3.

REALE, G.; ANTISERI, D. **História da filosofia**: do romantismo ao epiriocriticismo. São Paulo: Paulus, 2005c. v. 5.

REALE, G.; ANTISERI, D. **História da filosofia**: patrística e escolástica. 2. ed. São Paulo: Paulus, 2005d. v. 2.

SANTIDRIÁN, P. R. **Breve dicionário de pensadores cristãos**. Aparecida: Santuário, 1998.

SANTIDRIÁN, P. R. **Dicionário básico das religiões**. Aparecida: Santuário, 1996.

SANTOS, E. C. **Mito e filosofia**. Curitiba: SEED-PR; Icone Audiovisual, 2006. Livro Didático Público.

SCHLESINGER, H.; PORTO, H. **Dicionário enciclopédico das religiões**. Petrópolis: Vozes, 1995. 2 v.

SCHLESINGER, H.; PORTO, H. **Geografia universal das religiões**. São Paulo: Paulinas, 1998.

SCHULTZ, A. **O protestantismo e as estruturas teológicas do imaginário religioso brasileiro**. 405 f. Tese (Doutorado em Teologia) – Escola Superior de Teologia, São Leopoldo, 2005. Disponível em: <http://www3.est.edu.br/biblioteca/btd/Textos/Doutor/Schultz_a_td48.pdf>. Acesso em: 24 abr. 2016.

SCHWIKART, G. **Dicionário ilustrado das religiões**. Tradução de Clóvis Bove. Aparecida: Santuário, 2001.

SEXTO EMPÍRICO. **Hipotiposis Pirrónicas**. Madrid: AKAL, 1996.

THIOLLIER, M. M. **Dicionário das religiões**. Petrópolis: Vozes, [S.d.].

VISIT ANCIENT Greece. **The Ancient Greek Agora at Athens**. Disponível em: <http://www.visit-ancient-greece.com/ancient-greek-agora.html>. Acesso em: 24 abr. 2016.

VOLTAIRE. **Dicionário filosófico**. Rio de Janeiro: Ediouro, [1993].

ZILLES, U. **Filosofia da religião**. 8. ed. São Paulo: Paulus, 2010.

bibliografia comentada

ZILLES, U. **Filosofia da religião**. São Paulo: Paulus, 1991. Essa obra apresenta um rico passeio pelo mundo da filosofia e da religião. É de fundamental importância para complementar o estudo. Define o que é a filosofia da religião, torna claros os conceitos de fé e razão e discorre sobre o ateísmo e a relação entre os termos razão e fé nos principais filósofos críticos, como Descartes, Kant e Hegel.

REALE, G.; ANTISERI, D. **História da filosofia**. São Paulo: Paulus, 2007. 7 v.

Brilhante coleção em sete volumes da história da filosofia. Os autores aprofundam a temática filosófica em toda a história da humanidade em uma linguagem simples e atraente. A obra oferece elementos fundamentais para se estudar a filosofia da religião, pois evoca esses conceitos em cada temática apresentada. Vale a pena tê-la sempre presente.

GAARDER, J.; HELLERN, V.; NOTAKER; H. **O livro das religiões**. São Paulo: Companhia das Letras, 2001.

Obra de fundamental importância para aqueles que almejam aprofundar essa temática. Os autores mergulham no universo religioso da humanidade, descrevendo o fenômeno religioso desde o seu princípio. A obra aborda a história das religiões em seus mais diversos ambientes: África, Índia, Oriente, Extremo Oriente, bem como as religiões monoteístas, as filosofias de vida e as novas religiões. Vale a pena conferir.

JAEGER, W. **Paidéia**: a formação do homem grego. São Paulo: M. Fontes, 1995.

Nessa obra, o autor apresenta o homem grego e o lugar que ele ocupa na história da educação. A obra engloba conceitos de formação moral, física e religiosa do homem grego. A sabedoria desses pensadores marcou profundamente a humanidade e não podemos compreender os conceitos modernos sem essas máximas do pensamento antigo.

PORTA, M. A. G. **A filosofia a partir de seus problemas**. São Paulo: Ed. Loyola, 2010.

Nessa obra, o autor apresenta, de forma clara, didática e metodológica, o entendimento do núcleo central da filosofia e dos temas que ela aborda. Sua leitura pressupõe um contato anterior com o tema.

respostas

Capítulo 1

Atividades de autoavaliação
1. d
2. b
3. b
4. e

5. c

Capítulo 2

Atividades de autoavaliação

1. e
2. a
3. c
4. e
5. d

Capítulo 3

Atividades de autoavaliação

1. c
2. e
3. c
4. a
5. e

Capítulo 4

Atividades de autoavaliação

1. c
2. c
3. a
4. a
5. d

Capítulo 5

Atividades de autoavaliação

1. b
2. c
3. d
4. a
5. d

Capítulo 6

Atividades de autoavaliação

1. d
2. a
3. d
4. c
5. a

sobre o autor

Adriano Antônio Faria é mestre e doutor em Educação pela Universidade Tuiuti do Paraná. É pós-graduado em Metodologia do Ensino na Educação Superior, em EAD e em Formação de Docentes e de Orientadores Acadêmicos em EAD. Tem MBA em Gestão e Planejamento Estratégico e em Psicopedagogia. É graduado em Filosofia, Teologia, *Marketing*, Pedagogia, Direito e Coaching e Desenvolvimento Humano. É diretor-presidente do Instituto de Educação EduSol e responsável pelo setor educacional de graduação e pós-graduação dos Polos de Apoio Presencial EduSol, vinculados ao Centro Universitário Uninter. É professor dos cursos de Licenciatura em Pedagogia (EAD), Letras, Teologia, Filosofia e de diversos cursos de especialização do Centro Universitário Uninter e da Faculdade La Salle. É *Master Coaching*, formado pelo Instituto Brasileiro de *Coaching* e certificado pelos seguintes institutos: *Institute European Coaching Association, Behavioral Coaching Institute, Metaforum International, Global Coaching Community* e *International Association of Coaching*. É formado em *Coaching* Ericksoniano, *Professional and Self Coaching*, análise comportamental, *Business and Executive Coaching*. Estudou na Universidade de Ohio: *Leadership and Coaching Certification Seminar*.

SANZIO, R. *A Escola de Atenas (Scuola di Atene)*.
1509-1510. 500 cm × 770 cm; color.
Stanza della Segnatura, Palácio Apostólico:
Cidade do Vaticano.

Impressão:
Novembro/2023